人生哪能多如意

万事只求半称心

李叔同 著

天津出版传媒集团

天津人民出版社

图书在版编目（CIP）数据

人生哪能多如意，万事只求半称心 / 李叔同著. -- 天津：天津人民出版社, 2022.7（2023.6重印）

ISBN 978-7-201-18397-8

Ⅰ.①人… Ⅱ.①李… Ⅲ.①散文集－中国－现代 Ⅳ.①I266

中国版本图书馆CIP数据核字(2022)第084772号

人生哪能多如意，万事只求半称心
RENSHENG NANENG DUO RUYI WANSHI ZHIQIU BAN CHENXIN

李叔同　著

出　　版	天津人民出版社
出 版 人	刘　庆
地　　址	天津市和平区西康路35号康岳大厦
邮政编码	300051
邮购电话	（022）23332459
电子信箱	reader@tjrmcbs.com

责任编辑	玮丽斯
监　　制	黄利　万夏
特约编辑	曹莉丽　路思维
营销支持	曹莉丽
装帧设计	紫图装帧

制版印刷	艺堂印刷（天津）有限公司
经　　销	新华书店
开　　本	889毫米×1230毫米　1/32
印　　张	6.5
字　　数	105千字
版次印次	2022年7月第1版　2023年6月第2次印刷
定　　价	55.00元

版权所有　侵权必究
图书如出现印装质量问题，请致电联系调换（022-23332459）

目录

壹

过去事已过去了，
未来不必预思量

我的父亲母亲	02
我的人生兴趣	06
辛丑北征泪墨	14
我在西湖出家的经过	09
断食日志	22
最后之□□	34

目录

贰 修心以清心为要,涉世以慎言为先

行己有耻使于四方不辱使命论	40
乾始能以美利利天下论	43
致知在格物论	47
非静无以成学论	49
改习惯	51
改过实验谈	55
佩玉编	59
格言别录	71

目录

叁 世界是个回音谷，念念不忘必有回响

李庐印谱序	86
乐石社记	87
《音乐小杂志》序	89
释美术	91
谈写字的方法	93

目录

肆

人家最不要事事足意，
常有事不足处方好

游记

西湖夜游记
四友重摄一影题跋
瑞竹岩记

目录 ——

肆

书信

致许幻园
致刘质平
致夏丏尊
致李圣章
致堵申甫
致丰子恺
致高文显

145 138 135 133 126 116 112

目录

伍 物忌全胜，事忌全美，人忌全盛

诗

咏山茶花　150
夜泊塘沽　150
遇风愁不成寐　151
感时　151
津门清明　151
登轮感赋　152
茶花女遗事演后感赋　152
赠语心楼主人　152
醉时　153

目录

伍

春风	153
昨夜	153
初梦	154
咏菊	154
书愤	154
诀别之音	155
生离欤？死别欤？	155
书寒山大士诗赠郭沫若	155
重游小兰亭口占	156
《滑稽传》题词四绝	156
戏赠蔡小香四绝	157
和冬青馆主题京伶瑶华书扇四绝	158

目录

伍

词

清平乐	159
菩萨蛮	159
南南词	160
老少年曲	160
南浦月	161
西江月	161

目录

伍

醉花阴	161
喝火令	162
金缕曲	162
高阳台	163
满江红	163
金缕曲	164

目录

伍

曲

清凉歌五首
哀祖国
追悼李节母之哀辞
祖国歌
春游
男儿

168　168　168　167　167　165

目录

忆儿时 169
送别 169
落花 169
晚钟 170
梦 171
月 171

附录

李叔同年谱 174
参考书目 191

壹

过去事已过去了，未来不必预思量

人当变故之来，只宜静守，不宜躁动。即便万事无解救，而志正守确，虽事不可为，而心终可白。否则必致身败，而名亦不保，非所以处变之道。

我的父亲母亲

　　在清朝光绪年间，天津河东有一个地藏庵，庵前有一户人家。这是一座四进四出的进士宅邸，它的主人是一位官商，名字叫李世珍。曾是同治年间的进士，官任吏部主事，也因此使李家在当地的声名更加显赫了。但是，他为官不久，便辞官返乡了，开始经商。在晚年的时候，他虔诚拜佛，为人宽厚，乐善好施，被人称为"李善人"。而这就是我的父亲。

　　我是光绪六年，在这个平和良善的家庭中出生的。生我时，我的母亲只有二十岁，而我父亲已近六十八岁了。这是因

编者注：此书所选文章依据权威版本，为遵照原书原貌，故此次修订没有修改。

为我是父亲的小妾生的，也正是如此，虽然父亲很疼爱我，但是在那时的官宦人家，妾的地位很卑微，我作为庶子，身份也就无法与我的同父异母的哥哥相比。从小就感受到这种不公平待遇所给我带来的压抑感，然而只能是忍受着，也许这就为我日后出家埋下了伏笔。

在我五岁那年，父亲因病去世了。没有了父亲的庇护和依靠，我与母亲的处境很是困难，看着母亲一天到晚低眉顺眼、谨小慎微地度日，我的内心感到很难受，也使我产生了自卑的倾向。我养成了沉默寡言的内向性格，终日里与书做伴，与画为伍。只有在书画的世界里，我才能找到快乐和自由！

听我母亲后来跟我讲：在我降生的时候，有一只喜鹊叼着一根松枝放在了产房的窗上，所有人都认为这是佛赐祥瑞。而我后来也一直将这根松枝带在身边，并时常对着它祈祷。由于我的父亲对佛教的诚信，使我在很小的时候，就有机会接触到佛教经典，受到佛法的熏陶。我小时候刚开始识字，就是跟着我的大娘，也就是我父亲的妻子，学习念诵《大悲咒》和《往生咒》。而我的嫂子也经常教我背诵《心经》和《金刚经》等。虽然那时我根本就不明白这些佛经的含义，也无从知晓它们的教理，但是我很喜欢念经时那种空灵的感受。也只有在这时我能感受到平等和安详！而我想这也许成为我今后出家的引路标。

我小时候，大约是六七岁的样子，就跟着我的哥哥文熙开始读书识字，并学习各种待人接物的礼仪，那时我哥哥已经二十岁了。由于我们家是书香门第，又是当地数一数二的官商世家，所以一直就沿袭着严格的教育理念。因此，我哥哥对我方方面面的功课都督教得异常严格，稍有错误必加以严惩。我自小就在这样严厉的环境中长大，这使我从小就没有了小孩子应有的天真活泼，也疑我的天性遭到了压抑而导致有些扭曲。但是有一点不得不承认，那就是这种严格施教，对于我后来所养成的严谨认真的学习习惯和生活作风是起了决定作用的，而我后来的一切成就几乎都是得益于此，也由此我真心地感激我的哥哥。

当我长到八九岁时，就拜在常云政先生门下，成为他的入室弟子，开始攻读各种经史子集，并开始学习书法、金石等技艺。在我十三岁那年，天津的名士赵幼梅先生和唐静岩先生开始教我填词和书法，使我在诗词书画方面得到了很大的提高，功力也较以前深厚了。为了考取功名，我对八股文下了很大的功夫，也因此得以在天津县学加以训练。在我十六岁的时候，我有了自己的思想，因过去所受的压抑而造成的"反叛"倾向也开始抬头了。我开始对过去刻苦学习是为了报国济世的思想不那么热衷了，却对文艺产生了浓厚的兴趣，尤其是戏曲，也因此成了一个不折不扣的票友。在此期间，我结识过一个叫杨翠喜的人，我经常去听她唱戏，并送她回家，只可惜后来她被官家包养，后来又嫁给一个商人作了妾。

由此后我也有些惆怅，而那时我哥哥已经是天津一位有名的中医大师了，但是有一点我很不喜欢，就是他为人比较势利，攀权附贵，嫌贫爱富。我曾经把我的看法向他说起，他不接受，并指责我有辱祖训，不务正业。无法，我只有与其背道而驰了，从行动上表示我的不满，对贫贱低微的人我礼敬有加，对富贵高傲的人我不理不睬；对小动物我关怀备至，对人我却不冷不热。在别人眼里我成为了一个怪人，不可理喻，不过对此我倒是无所谓的。

我的人生兴趣

有人说我在出家前是书法家、画家、音乐家、诗人、戏剧家等，出家后这些造诣更深。其实不是这样的，所有这一切都是我的人生兴趣而已。我认为一个人在他有生之年应多学一些东西，不见得样样精通，如果能做到博学多闻就很好了，也不枉屈自己这一生一世。而我在出家后，拜印光大师为师，所有的精力都致力于佛法的探究上，全身心地去了解"禅"的含义，在这些兴趣上反倒不如以前痴迷了，也就荒疏了不少。然而，每当回忆起那段艺海生涯，总是有说不尽的乐趣！

记得在我十八岁那年，我与茶商之女俞氏结为夫妻。当时哥哥给了我三十万元作贺礼，于是我就买了一架钢琴，开始学习音乐方面的知识，并尝试着作曲。后来我与母亲和妻子搬到了上海法租界，由于上海有我家的产业，我可以以少东家的身份支取相当高的生活费用，也因此得以与上海的名流们交往。当时，上海城南有一个组织叫"城南文社"，每月都有文学比试，我投了三次稿，有幸的是每次都获得第一名，从而与文社的主事许幻园先生成为朋友。他为我们全家在城南草堂打扫了房屋，并让我们移居了过去，在那里，我和他及另外三位文友结为金兰之好，还号称是"天涯五友"。后来我们共同成立了"上海书画公会"，每个星期都出版书画报纸，与那些志同道合的同仁们一起探讨研究书画及诗词歌赋。但是这个公社成立不久就解散了。

由于公社解散，而我的长子在出生后不久就夭折了，不久后我的母亲又过世了，多重不幸给我带来了不小的打击，于是我将母亲的遗体运回天津安葬，并把妻子和孩子一起带回天津，我独自一人前往日本求学。在日本，我就读于日本当时美术界的最高学府——上野美术学校，而我当时的老师亦是日本最有名的画家之一——黑田清辉。当时我除了学习绘画外，还努力学习音乐和作曲。那时我确实是沉浸在艺术的海洋中，那是一种真正的快乐享受。

我从日本回来后，政府的腐败统治导致国衰民困，金融市场更是惨淡，很多钱庄、票号都相继倒闭，我家的大部分财产也因此化为乌有了。我的生活也就不再像以前那样无忧无虑了，为此我到上海城东女校当老师去了，并且同时任《太平洋报》文艺版的主编。但是没多久报社被查封，我也为此丢掉了工作。大概几个月后我应聘到浙江师范学校担任绘画和音乐教员，那段时间是我在艺术领域里驰骋最潇洒自如的日子，也是我一生最忙碌、最充实的日子。

辛丑北征泪墨

游子无家，朔南驰逐。值兹离乱，弥多感哀。城郭人民，慨怆今昔。耳目所接，辄志简编。零句断章，积焉成帙。重加厘削，定为一卷。不书时日，酬应杂务。百无二三，颜曰：《北征泪墨》，以示不从日记例也。辛丑初夏，惜霜识于海上李庐。

光绪二十七年春正月，拟赴豫省仲兄。将启行矣，填《南浦月》一阕海上留别词云：

杨柳无情，丝丝化作愁千缕。惺忪如许，萦起心头绪。谁道销魂，尽是无凭据。离亭外，一帆风雨，只有人归去。

越数日启行，风平浪静，欣慰殊甚。落日照海，白浪翻银，精彩炫目。群鸟翻翼，回翔水面。附海诸岛，若隐若现。

是夜梦至家,见老母、室人作对泣状,似不胜离别之感者。余亦潸然涕下。比醒时,泪痕已湿枕矣。

途经大沽口,沿岸残垒败灶,不堪极目。《夜泊塘沽》诗云:

杜宇声声归去好,天涯何处无芳草。春来春去奈愁何?流光一霎催人老。新鬼故鬼鸣喧哗,野火磷磷树影遮。月似解人离别苦,清光减作一钩斜。

晨起登岸,行李冗赘。至则第一次火车已开往矣。欲寻客邸暂驻行踪,而兵燹之后,旧时旅馆率皆颓坏。有新筑草舍三间,无门窗床几,人皆席地坐,杯茶盂馔,都叹缺如。强忍饥渴,兀坐长喟。至日暮,始乘火车赴天津。路途所经,庐舍大半烧毁。抵津城,而城墙已拆去,十无二三矣。侨寄城东姚氏庐,逢旧日诸友人,晋接之余,忽忽然如隔世。唐句云:"乍见翻疑梦,相悲各问年。"其此境乎!到津次夜,大风怒吼,金铁皆鸣,愁不成寐,诗云:

世界鱼龙混,天心何不平!岂因时事感,偏作怒号声。烛尽难寻梦,春寒况五更。马嘶残月坠,笳鼓万军营。

居津数日，拟赴豫中。闻土寇蜂起，虎踞海隅，屡伤洋兵，行人惴惴。余自是无赴豫之志矣。小住二旬，仍归棹海上。

天津北城旧地，拆毁甫毕。尘积数寸，风沙漫天，而旷阔逾恒，行道者便之。

晤日本上冈君，名岩太，字白电，别号九十九洋生，赤十字社中人，今在病院。笔谈竟夕，极为契合，蒙勉以"尽忠报国"等语，感愧殊甚。因成七绝一章，以当诗云：

杜宇啼残故国愁，虚名遑敢望千秋。男儿若论收场好，不是将军也断头。

越日，又偕赵幼梅师、大野舍吉君、王君耀忱及上冈君。合拍一照于育婴堂，盖赵师近日执事于其间也。

居津时，日过育婴堂，访赵幼梅师，谈日本人求赵师书者甚多，见予略解分布，亦争以缣素嘱写，颇有应接不暇之势。追忆其姓名，可记者，曰神鹤吉、曰大野舍吉、曰大桥富藏、曰井上信夫、曰上冈岩太、曰塚崎饭五郎、曰稻垣几松。就中大桥君有书名，予乞得数幅。又丐赵师转求千郁治书一联，以千叶君尤负盛名也。海外墨缘，于斯为盛。

北方当仲春天气，犹凝阴积寒，抚事感时，增人烦恼。旅馆无俚，读李后主《浪淘沙》词"帘外雨潺潺，春意阑珊。罗衾不耐五更寒"句，为之怅然久之。既而，风雪交加，严寒砭骨，身着重裘，犹起栗也。《津门清明》诗云：

一杯浊酒过清明，觞断樽前百感生。辜负江南好风景，杏花时节在边城。

世人每好作感时诗文，余雅不喜此事，曾有诗以示津中同人。诗云：

千秋功罪公评在，我本红羊劫外身。自分聪明原有限，羞从事后论旁人。

北地多狂风，今岁益甚。某日夕，有黄云自西北来，忽焉狂风怒号，飞沙迷目。彼苍苍者其亦有所感乎！

二月杪，整装南下，第一夜宿塘沽旅馆。长夜漫漫，孤灯如豆，填《西江月》一阕词云：

残漏惊人梦里，孤灯对景成双。前尘渺渺几思量，只道人归是谎。谁说春宵苦短，算来竟比年长。海风吹起夜潮狂，怎把新愁吹涨？

越日,日夕登轮。诗云:

感慨沧桑变,天边极目时。晚帆轻似箭,落日大如箕。风卷旌旗走,野平车马驰。河山悲故国,不禁泪双垂。

开轮后,入夜管弦嘈杂,突惊幽梦。倚枕静听,音节斐靡,泐泐动人。昔人诗云:"我已三更鸳梦醒,犹闻帘外有笙歌。"不图于今日得之。

舟泊燕台,山势环拱,帆樯云集,海水莹然,作深碧色。往来渔舟,清可见底。登高眺远,幽怀顿开。诗云:

澄澄一水碧琉璃,长鸣海鸟如儿啼。晨日掩山白无色,□□□□青天低。

午后,偕友登燕台岸小憩,归来已日暮。□□□开轮。午餐后,同人又各奏乐器,笙琴笛管,无美不□。迭奏未已,继以清歌。愁人当此,虽可差解寂寥,然河满一声,奈何空唤,适足增我回肠荡气耳。枕上口占一绝,云:

子夜新声碧玉环,可怜肠断念家山。劝君莫把愁颜破,西望长安人未还。

我在西湖出家的经过

一九三六年春述于厦门南普陀寺

杭州这个地方,实堪称为佛地,因为寺庙之多,约有两千余所,可想见杭州佛法之盛了。

最近"越风社"要出关于西湖的《增刊》,由黄居士来函,要我做一篇《西湖与佛教之因缘》。我觉得这个题目的范围太广泛了,而且又无参考书在手,短期内是不能做成的。所以,现在就将我从前在西湖居住时,把那些值得追味的几件零碎的事情来说一说,也算是纪念我出家的经过。

我第一次到杭州是光绪二十八年七月(按:本篇所记的年月皆依旧历)。在杭州住了约一个月光景,但是并没有到寺院里去过。只记得有一次到涌金门外去吃过一回茶而已,同时也就把西湖的风景稍微看了一下。

第二次到杭州，那是民国元年的七月里。这回到杭州倒住得很久，一直住了近十年，可以说是很久的了。

我的住处在钱塘门内，离西湖很近，只两里路光景。在钱塘门外，靠西湖边有一所小茶馆，名"景春园"。我常常一个人出门，独自到景春园的楼上去吃茶。当民国初年的时候，西湖那边的情形，完全与现在两样。那时候还有城墙及很多柳树，都是很好看的。除了春秋两季的香会之外，西湖边的人总是很少，而钱塘门外，更是冷静了。

在景春园的楼下，有许多的茶客，都是那些摇船抬轿的劳动者居多。而在楼上吃茶的就只有我一个人了。所以我常常一个人在上面吃茶，同时还凭栏看着西湖的风景。

在茶馆的附近，就是那有名的大寺院——昭庆寺了。我吃茶之后，也常常顺便到那里去看一看。

当民国二年（编者注：1913年）夏天的时候，我曾在西湖的广化寺里面住了好几天。但是住的地方，却不在出家人的范围之内，那是在该寺的旁边，有一所叫作"痘神祠"的楼上。痘神祠是广化寺专门为着要给那些在家的客人住的。当时我住在里面的时候，有时也曾到出家人所住的地方去看看，心里却感觉很有意思呢!

记得那时我亦常常坐船到湖心亭去吃茶。

曾有一次,学校里有一位名人来演讲。那时,我和夏丏尊居士两人却出门躲避,到湖心亭上去吃茶了。当时夏丏尊对我说:"像我们这种人,出家做和尚倒是很好的。"那时候我听到这句话,就觉得很有意思。这可以说是我后来出家的一个原因了。

到了民国五年(编者注:1916年)的夏天,我因为看到日本杂志中有说及关于断食方法的,谓断食可以治疗各种疾病。当时我就起了一种好奇心,想来断食一下。因为我那个时候患有神经衰弱症,若实行断食后,或者可以痊愈亦未可知。要行断食时,须于寒冷的季候方宜。所以我便预定十一月来作断食的时间。

至于断食的地点呢?总须先想一想,考虑一下,似觉总要有个很幽静的地方才好。当时我就和西泠印社的叶品三君来商量,结果他说在西湖附近的地方,有一所虎跑寺,可作为断食的地点。那么,我就问他,既要到虎跑寺去,总要有人来介绍才对。究竟要请谁呢?他说有一位丁辅之,是虎跑寺的大护法,可以请他去说一说。于是他便写信请丁辅之代为介绍了。

因为从前那个时候的虎跑，不是像现在这样热闹的，而是游客很少，且是个十分冷静的地方啊。若用来作为我断食的地点，可以说是最相宜的了。

到了十一月的时候，我还不曾亲自到过，于是我便托人到虎跑寺那边去走一趟，看看在哪一间房里住好。看的人回来说，在方丈楼下的地方倒很幽静，因为那边的房子很多，且平常的时候都是关起来，游客是不能走进去的。而在方丈楼上，则只有一位出家人住着而已。此外并没有什么人居住。等到十一月底，我到了虎跑寺，就住在方丈楼下的那间屋子里了。

我住进去以后，常常看见一位出家人在我的窗前经过，即是住在楼上的那一位。我看到他却十分欢喜呢！因此就时常和他来谈话，同时他也拿佛经来给我看。

我以前虽然从五岁时，即时常和出家人见面，时常看见出家人到我的家里念经及拜忏。于十二三岁时，也曾学了放焰口。可是并没有和有道的出家人住在一起，同时也不知道寺院中的内容是怎样，以及出家人的生活又是如何。这回到虎跑寺去住，看到他们那种生活，却很欢喜而且羡慕起来了。

我虽然在那边只住了半个多月，但心里却十分愉快，而且对于他们所吃的菜蔬，更是欢喜吃。及回到学校以后，我就请用人依照他们那样的菜煮来吃。

这一次我到虎跑寺去断食，可以说是我出家的近因了。及到了民国六年（编者注：1917年）的下半年，我就发心吃素了。

在冬天的时候，即请了许多的经，如《普贤行愿品》《楞严经》《大乘起信论》等很多的佛经。而于自己的房里，也供起佛像来，如地藏菩萨、观世音菩萨等的像，于是亦天天烧香了。

到了这一年放年假的时候，我并没有回家去，而是到虎跑寺里面去过年了。我仍旧住在方丈楼下，那个时候，则更感觉得有兴味了。于是就发心出家，同时就想拜那位住在方丈楼上的出家人做师父。他的名字是弘详师，可是他不肯我去拜他，而介绍我拜他的师父。他的师父是在松木场护国寺里居住的。于是他就请他的师父回到虎跑寺来。而我也就于民国七年（编者注：1918年）正月十五日受三皈依了。

我打算于此年的暑假来入山。而预先在寺里面住了一年后，然后再实行出家的。当这个时候，我就做了一件海青，及学习两堂功课。二月初五日那天，是我母亲的忌日，于是我就先于两天以前到虎跑去，在那边诵了三天的《地藏经》，为我的母亲回向。到了五月底的时候，我就提前先考试。而于考试之后，即到虎跑寺入山了。

到了寺中一日以后，即穿出家人的衣裳，而预备转年再剃度的。及至七月初，夏丏尊居士来，他看到我穿出家人的衣裳但还未出家，就对我说："既住在寺里面，并且穿了出家人的衣裳，而不即出家，那是没有什么意思的，所以还是赶紧剃度好。"

我本来是想转年再出家的，但是承他的劝，于是就赶紧出家了。便于七月十三日那一天，相传是大势至菩萨的圣诞，所以就在那天落发。

落发以后，仍须受戒的。于是由林同庄君介绍，而到灵隐寺去受戒了。

灵隐寺是杭州规模最大的寺院，我一向是很欢喜的。我出家以后，曾到各处的大寺院去看过，但是总没有像灵隐寺那么的好。

八月底，我就到灵隐寺去。寺中的方丈和尚很客气，叫我住在客堂后面芸香阁的楼上。当时是由慧明法师做大师父的。有一天我在客堂里遇到这位法师了。他看到我时，就说起："既是来受戒的，为什么不进戒堂呢？虽然你在家的时候是读书人，但是读书人就能这样地随便吗？就是在家时是一个皇帝，我也是一样看待的。"那时方丈和尚仍是要我住在客堂楼上，而于戒堂里面有了紧要的佛事时，方命我去参加一两回的。

那时候我虽然不能和慧明法师时常见面，但是看到他忠厚笃实的容色，却是令我佩服不已的。

受戒以后，我仍回到虎跑寺居住。到了十二月底，即搬到玉泉寺去住。此后即常常到别处去，没有久住在西湖了。

曾记得在民国十二年（编者注：1923年）夏天的时候，我曾到杭州去过一回。那时正是慧明法师在灵隐寺讲《楞严经》的时候。开讲的那一天，我去听他说法。因为好几年没有看到他，觉得他已苍老了不少，头发且已斑白，牙齿也大半脱落。我当时大为感动，于拜他的时候，不由泪落不止。听说以后没有经过几年工夫，慧明法师就圆寂了。

关于慧明法师一生的事迹，出家人中晓得的很多，现在我且举几样事情，来说一说。

慧明法师是福建汀州人。他穿的衣服毫不考究，看起来很不像大寺院法师的样子，但他待人是很平等的。无论你是大好佬或是苦恼子，他都是一样地看待。所以凡是出家、在家的上中下各色各样的人物，对于慧明法师是没有一个不佩服的。

他老人家一生所做的事固然很多，但是最奇特的，就是能教化"马溜子"（马溜子是出家流氓的称呼）了。寺院里是不准这班马溜子居住的。他们总是住在凉亭里的时候为多，听到各处的寺院有人打斋的时候，他们就会集了赶斋去（吃白饭）。在杭州这一带地方，马溜子是特别来得多。一般人总不把他们当人看待，而他们亦自暴自弃，无所不为的。但是慧明法师却能够教化马溜子呢！

那些马溜子常到灵隐寺去看慧明法师，而他老人家却待他们很客气，并且布施他们种种好饭食、好衣服等。他们要什么就给什么。而慧明法师有时也对他们说几句佛法，以资感化。

慧明法师的腿是有毛病的。出来入去的时候，总是坐轿子居多。有一次他从外面坐轿回灵隐时，下了轿后，旁人看到慧明法师是没有穿裤子的。他们都觉得很奇怪，于是就问他道："法师为什么不穿裤子呢？"他说他在外面碰到了马溜子，因为向他要裤子，所以他连忙把裤子脱给他了。

关于慧明法师教化马溜子的事，外边的传说很多很多，我不过略举了这几样而已。不单那些马溜子对于慧明法师有很深的钦佩和信仰，即其他一般出家人，亦无不佩服的。

因为多年没有到杭州去了。西湖边上的马路、洋房也渐渐修筑得很多，而汽车也一天比一天地增加。回想到我以前在西湖边上居住时，那种闲静幽雅的生活，真是如同隔世，现在只能托之于梦想了。

断食日志

〔此为弘一大师于出家前两年在杭州大慈山虎跑寺试验断食时所记之经过。自入山至出山,首尾共二十天。对于起居身心,详载靡遗。据大师年谱所载,时为民国五年(编者注:1916年),大师三十七岁。〕

丙辰嘉平一日始。断食后,易名欣,字俶同,黄昏老人,李息。

十一月廿二日,决定断食。祷诸大神之前,神诏断食,故决定之。

择录村井氏说:妻之经验。最初四日,预备半断食。六月五日、六日,粥,梅干。七日、八日,重汤,梅干。九日始本断食,安静。饮用水一日五合,一回一合,分五六回服用。第二日，饥饿胸烧，舌生白苔。第三、四日，肩腕痛。第四日，腹部全体凝固，体倦就床，晨轻晚重。第五日，同，稍轻减，坐起一度散步。第六日，轻减，气氛爽快，白苔消失，胸烧愈。第七日，晨平稳，断食期至此止。

后一日，摄重汤，轻二碗三回，梅干无味。后二日，同。后三日，粥，梅干，胡瓜，实入吸物。后四日，粥，吸物，少量刺身。后五日，粥，野菜，轻鱼。后六日，普通食，起床，此两三日，手足浮肿。

断食期内，或体痛不能眠，或下痢，或噎。便时以不下床为宜。预备断食或一周间，粥三日，重汤四日。断食后或须一周间，重汤三日，粥四日，个半月体量恢复。半断食时服ゾチネ（西药 Richine）。

到虎跑寺携带品：被褥帐枕，米，梅干，杨子，齿磨，手巾手帕，便器，衣，洒水布，ゾチネ，日记纸笔书，番茶，镜。

预定期间：一日下午赴虎跑寺。上午闻玉去预备。中食饭，晚食粥、梅干。二日、三日、四日，粥、梅干。五日、六日、七日，重汤、梅干。八日至十七日断食。十八日、十九日、二十日，重汤、梅干。廿一日、廿二日、廿三日、廿四日，粥、梅干，轻菜食。廿五日返校，常食。廿八日返沪。

卅日晨，命闻玉携蚊帐、米、纸、糊、用具到虎跑。室宜清闲，无人迹，无人声，面南，日光遮北，以楼为宜。是晚食饭，拂拭大小便器、桌椅。

午后四时半入山，晚餐素菜六篚（音癸，盛食物的圆形器具），极鲜美。食饭二盂，尚未餍，因明日始即预备断食，强止之。榻于客堂楼下，室面南，设榻于西隅，可以迎朝阳。闻玉设榻于后一小室，仅隔一板壁，故呼应便捷。晚燃菜油灯，作楷八十四字。自数日前病感冒，伤风微嗽，今日仍未愈。口干鼻塞，喉紧声哑，但精神如常。八时眠，夜间因楼上僧人足声时作，未能安眠。

十二月一日，晴，微风，五十度。断食前期第一日。疾稍愈，七时半起床。是日午十一时食粥二盂，紫苏叶二片，豆腐三小方。晚五时食粥二盂，紫苏叶二片，梅一枚。饮冷水三杯，有时混杏仁露，食小桔五枚，午后到寺外运动。

余平日之常课，为晨起冷水擦身，日光浴，眠前热水洗足。自今日起冷水擦身暂停，日光浴时间减短，洗足之热水改为温水，因欲使精神聚定，力避冷热极端之刺激也。对于后人断食者，应注意如下：

（一）未断食时练习多食冷开水。断食初期改食冷生水，渐次加多。因断食时日饮五杯冷水殊不易，且恐腹泻也。

（二）断食初期时之粥或米汤，于微温时食之，不可太热。因与冷水混合，恐致腹痛。

余每晨起后，必通大便一次。今晨如常，但十时后屡放屁不止。二时后又打嗝儿甚多，此为平日所无。是日书楷字百六十八，篆字百零八。夜观焰口，至九时始眠。夜微嗽多噩梦，未能入眠。

二日，晴和，五十度。断食前期第二日。七时半起床，晨起无大便。是日午前十一时食粥一盂，梅一枚，紫苏叶二片。午后五时同。饮冷水三杯，食桔子三枚，因运动归来体倦故。是日舌苔白，口内黏滞，上牙里皮脱，精神如常，但过则疲倦耳。运动微觉疲倦，头目眩晕。自明日始即不运动。

晚侍和尚念佛，静坐一小时。写字百三十二。是日鼻塞。摹大同造像一幅，原拓本自和尚假来，尚有三幅明后续。八时半眠，夜梦为升高跳越运动。其处为器具拍卖场，陈设箱柜几椅并玩具装饰品等。余跳越于上，或腾空飞行于其间，足不履地，灵捷异常，获优胜之名誉。旁观有德国工程师二人，皆能操北京语。一人谓有如此之技能，可以任远东大运动会之某种运动，必获优胜，余逊谢之。一人谓练习身体，断食最有效，吾二人已二日不食。余即告余现在虎跑断食，亦已预备二日矣。其旁又有一中国人，持一表，旁写题目，中并列长短之直红线数十条，如计算增减高低之表式，是记余跳越高低之顺序者。是人持以示余，谓某处由低而高而低之处，最不易跳越，赞余有超人之绝技。后余出门下土坡，屡遇西洋妇人，皆与余为礼，贺余运动之成功，余笑谢之。梦至此遂醒。余生平未尝为一次运动，亦未尝梦中运动，头脑中久无此思想，忽得此梦，至为可异，殆因胃内虚空有以致之欤？

三日，晴和，五十二度。断食前第三日。七时半起床。是晨觉饥饿，胸中搅乱，苦闷异常，口干饮冷水。勉坐起披衣，头昏心乱，发虚汗作呕，力不能支，仍和衣卧少时。饮梅茶二杯，乃起床，精神疲惫，四肢无力。九时后精神稍复元，食桔子二枚。是晨无大便，饮药油一剂，十时半软便一次，甚畅快。十一时水泻一次，精神颇佳，与平常无大异。十一时二十分食粥半盂，梅一个，紫苏一枚。摹普泰造像、天监造像二页。饮水、食物，喉痛，或因泉水性太烈，使喉内脱皮之故。午后四时，饮水后打嗝，食小梨一个，五时食粥半盂。是日感冒伤风已愈，但有时微嗽。是日午后及晚，侍和尚念佛静坐一小时。八时半眠。入山预断以来，即不能为长时之安眠，旋睡旋醒，辗转反侧。

四日，晴和，五十三度。断食前第四日。七时半起床。是晨气闷心跳口渴，但较昨晨则轻减多矣，饮冷水稍愈。起床后头微晕，四肢乏力。食小桔一枚，香蕉半个。八时半精神如常，上楼访弘声上人，借佛经三部。午后散步至山门，归来已觉微疲。是日打嗝儿甚多，口时作渴，一共饮冷水四大杯。写楷字八十四，篆字五十四。无大便。四时后头昏，精神稍减，食小桔二枚。是日十一时饮米汤二盂，食米粒二十余。八时就床，就床前食香蕉半个。自预备断食，每夜三时后腿痛，手足麻木。（余前每逢严冬有此旧疾，但不甚剧。）

五日，晴和，五十三度。断食前第五日。七时半起床。是夜前半颇觉身体舒泰，后半夜仍腿痛，手足麻木。三时醒，口干，心微跳，较昨减轻。食香蕉半个，饮冷水稍眠。六时醒，气体甚好。起床后不似前二日之头晕乏力，精神如常，心胸愉快。到菜园采花供铁瓶。食梨半个，吐渣。自昨日起，多写字，觉左腰痛。是日腹中屡屡作响，时流鼻涕，喉中肿烂尚未愈。午后侍和尚念经静坐一小时，微觉腰痛，不如前日之稳静。三时食梨半个，吐渣。食香蕉半个。午、晚饮米汤一盂。写字百六十二。傍晚精神稍差，恶寒口渴。本定于后日起断食，改自明日起断食，奉神诏也。

断食期内，每日饮梨汁一个之分量，饮桔汁三小个之分量，饮毕漱口。又因信仰上每晨餐神供生白米一粒，将眠，食香蕉半个。是日无大便，七时就床。是夜神经过敏甚剧，加以鼠声、人鼾声，终夜未安眠。口甚干，后半夜腿痛稍轻，微觉肩痛。

六日，晴暖，晚半阴，五十六度。断食正期第一日。八时起床。三时醒，心跳胸闷，饮冷水桔汁及梅茶一杯。八时起床，手足乏力。头微晕，执笔作字殊乏力，精神不如昨日。八时半饮梅茶一杯。脑力渐衰，眼手不灵，写日记时有误字，多遗忘。九时半后精神稍可。十时后精神甚佳，口渴已愈。数日来喉中肿烂亦愈。今日到大殿去二次，计上下廿四级石阶四次，已觉足乏力，为以前所无。是日共饮梨汁一个，桔汁二个。傍晚精神不衰，较胜昨日，但足乏力耳。仍时流鼻涕，晚间精神尤佳。是日不觉如何饥饿。晚有便意，仅放屁数个，仍无便。是夜能安眠，前半夜尤稳安舒泰。眠前以棉花塞耳，并诵神人合一之旨。夜间腿痛已愈，但左肩微痛。七时就床，梦变为丰颜之少年，自谓系断食之效。

七日，阴复晴，夜大风，五十四度。断食正期第二日。六时半起床。四时醒,心跳微作即愈,较前二日减轻。饮冷水甚多。六时半即起床,因是日头晕已减轻,精神较昨日为佳,且天甚暖,故早起床也。起床后饮桔汁一枚。晨览《释迦如来应化事迹图》。八时后精神不振,打哈欠,口塞流鼻涕,但起立行动如常。午后身体寒益甚,拥被稍息。想出食物数种,他日试为之。炒饼、饼汤、虾仁豆腐、虾子面片、什锦丝、咸口瓜。三时起床,冷已愈,足力比昨日稍健。是日无大便,饮冷水较多。前半夜肩稍痛,须左右屡屡互易,后半夜已愈。

八日,阴,大风,寒,午后时露日光,五十度。断食正期第三日。十时起床。五时醒,气体至佳,如前数日之心跳头晕等皆无。因天寒大风,故起床较迟。起床后精神甚佳,手足有力,到院内散步。四时半就床,午后益寒,因早就床。是日食欲稍动,有时觉饥,并默想各种食物之种类及其滋味。是夜安眠,足关节稍痛。

九日,晴,寒,风,午后阴,四十八度。断食正期第四日。八时半起床。四时醒,气体极佳,与日常无异。起床后精神如常,手足有力。朝日照入,心目豁爽。小便后尿管微痛,因饮水太多之故。自今日始不饮梨桔汁,改饮盐梅茶二杯。午后因饮水过多,胸中苦闷。是日午前精神最佳,写字八十四,到菜圃散步。午后寒，一时拥被稍息。三时起床，室内运动。是日不感饥饿。因天寒五时半就床。

十日，阴，寒，四十七度。断食正期第五日。十时半起床。四时半醒，气体精神与昨同。起床后精神至佳。是日因寒故起床较迟。今日加饮盐汤一小杯。十一时杨、刘二君来谈至欢。因寒四时就床。是日写字半页。近日神经过敏已稍愈。故夜间较能安眠。但因昨日饮水过多伤胃，胃时苦闷，今日饮水较少。

十一日，阴寒，夕晴，四十七度。断食正期第六日。九时半起床。四时半醒，气体与昨同。夜间右足微痛，又胃部终不舒畅。是日口干，因寒起床稍迟。饮盐汤半杯，饮梨汁。夕晴，心目豁爽。写字百三十八。坐檐下曝日，四时就床，因寒早就床。是晚感谢神恩，誓必皈依。致福基书。

十二日，晨阴，大雾，寒，午后晴，四十八度。断食正期第七日。十一时起床。四时半醒，气体与昨同，足痛已愈，胃部已舒畅。口干，因寒不敢起床。十一时福基遣人送棉衣来，乃披衣起。饮梨汁及盐汤、桔汁。午后精神甚佳，耳目聪明，头脑爽快，胜于前数日。到菜圃散步。写字五十四。自昨日始，腹部有变动，微有便意，又有时稍感饥饿。是日饮水甚少。晚晴甚佳,四时半就床。

十三日,晨半晴阴,后晴和,夕风,五十四度。断食后期第一日。八时半起床。气体与昨同。晨饮淡米汤二盂,不知其味,屡有便意,口干后愈,饮梨汁桔汁。十一时饮浓米汤一盂,食梅干一个,不知其味。十一时服泻油少许,十一时半大便一次甚多。便色红,便时腹微痛,便后渐觉身体疲弱,手足无力。午后勉强到菜圃一次。是日不饮冷水。午前写字五十四。是日身体疲倦甚剧,断食正期未尝如是。胃口未开,不感饥饿,尤不愿饮米汤,是夕勉强饮一盂,不能再多饮。

十四日,晴,午前风,五十度。断食后期第二天。七时半起床。气体与昨同,夜间较能安眠。五时饮米汤一盂,口干,起床后精神较昨佳。大便轻泻一次,又饮米汤一盂,饮桔汁,食苹果半枚。是日因米汤梅干与胃口不合,于十一时饮薄藕粉一盂,炒米糕二片,极觉美味,精神亦骤加。精神复元,是日极愉快满足。一时饮薄藕粉一盂,米糕一片。写字三百八十四。腰腕稍痛,暗记诵《神乐歌序章》。四时食稀粥一盂,咸蛋半个,梅干一个,是日不感十分饥饿,如是已甚满足。五时半就床。

十五日,晴,四十九度。断食后期第三日。七时起床。夜间渐能眠,气体无异平时。拥衾饮茶一杯,食米糕三片。早食藕粉米糕，午前到佛堂菜圃散步，写字八十四。午食粥二盂，青菜咸蛋少许。夕食芋四个，极鲜美。食梨一个，桔二个。敬抄《御神乐歌》二页，暗记诵一、二、三下目。晚饮粥二盂，青菜咸蛋，少许梅干。晚食粥后，又食米糕饮茶，未能调和，胃不合，终夜屡打嗝儿，腹鸣。是日无大便，七时就床。

十六日，晴，四十九度。断食后期第四日。七时半起床。晨饮红茶一杯，食藕粉芋。午食薄粥三盂，青菜芋大半碗，极美。有生以来不知菜芋之味如是也。食桔，苹果，晚食与午同。是日午后出山门散步，诵《神乐歌》，甚愉快。入山以来，此为愉快之第一日矣。敬抄《神乐歌》七叶，暗记诵四、五下目。晚食后食烟一服。七时半就床，夜眠较迟，胃甚安，是日无大便。

十七日，晴暖，五十二度。断食后期第五日。七时起床。夜间仍不能多眠，晨饮泻油极少量。晨餐浓粥一盂，芋五个，仍不足，再食米糕三个，藕粉一盂。九时半大便一次，极畅快。到菜圃诵《御神乐歌》。中膳，米饭一盂，粥二盂，油炸豆腐一碗。本寺例初一、十五始食豆腐，今日特因僧人某死，葬资有余，故以之购食豆腐。午前后到山门外散步二次。拟定出山门后剃须。闻玉采萝卜来，食之至甘。晚膳粥三盂，豆腐青菜一盂，极美。今日抄《御神乐歌》五叶，暗记诵六下目。作书寄普慈。是日大便后愉快，晚膳后尤愉快，坐檐下久。拟定今后更名欣，字俶同。七时半就床。

十八日，阴，微雨，四十九度。断食后期最后一日。五时半起床。夜间酣眠八小时，甚畅快，入山以来未之有也。是晨早起，因欲食寺中早粥。起床后大便一次甚畅。六时半食浓粥三盂，豆腐青菜一盂，胃甚涨。坐菜圃小屋诵《神乐歌》，今日暗记诵七下目，敬抄《神乐歌》八叶。午，食饭二盂，豆腐青菜一盂，胃涨大，食烟一服。午后到山中散步，足力极健。采干花草数枝，松子数个。晚食浓粥二盂，青菜半盂，仅食此不敢再多，恐胃涨也。餐后胸中极感愉快。灯下写字五十四，辑订断食中字课，七时半就床。

十九日，阴，微雨，四时半起床。午后一时出山归校。嘱托闻玉事件：晚饭菜，桔子，做衣服附袖头，廿二要，轿子油布，轿夫选择，新蚊帐，夜壶。自己事件：写真，付饭钱，致普慈信。

最后之□□

戊寅十一月十四日在南普陀寺佛教养正院同学会席上讲

佛教养正院已办有四年了。诸位同学初来的时候,身体很小,经过四年之久,身体皆大起来了,有的和我也差不多。啊！光阴很快。人生在世,自幼年至中年,自中年至老年,虽然经过几十年之光景,实与一会儿差不多。就我自己而论,我的年纪将到六十了,回想从小孩子的时候起到现在,种种经过如在目前。啊！我想我以往经过的情形,只有一句话可以对诸位说,就是"不堪回首"而已。

我常自己来想,啊！我是一个禽兽吗？好像不是,因为我还是一个人身。我的天良丧尽了吗？好像还没有,因为我尚有一线天良常常想念自己的过失。我从小孩子起一直到现在都埋头造恶吗？好像也不是，因为我小孩子的时候，常行袁了凡的功过格，三十岁以后，很注意于修养。初出家时，也不是没有道心。虽然如此，但出家以后一直到现在，便大不同了：因为出家以后二十年之中，一天比一天堕落，身体虽然不是禽兽，而心则与禽兽差不多。天良虽然没有完全丧尽，但是惛愦糊涂，一天比一天利害，抑或与天良丧尽也差不多了。讲到埋头造恶的一句话，我自从出家以后，恶念一天比一天增加，善念一天比一天退失，一直到现在，可以说是醇乎其醇的一个埋头造恶的人，这个也无须客气，也无须谦让了。

就以上所说看起来，我从出家后已经堕落到这种地步，真可令人惊叹。其中到闽南以后十年的工夫，尤其是堕落的堕落。去年春间曾经在养正院讲过一次，所讲的题目就是"南闽十年之梦影"，那一次所讲的，字字之中都可以看到我的泪痕，诸位应当还记得吧。

可是到了今年，比去年更不像样子了。自从正月二十到泉州，这两个月之中，弄得不知所云。不只我自己看不过去，就是我的朋友也说我以前如闲云野鹤，独往独来，随意栖止，何以近来竟大改常度，到处演讲，常常见客，时时宴会，简直变成一个"应酬的和尚"了！这是我的朋友所讲的。啊！"应酬的和尚"这五个字,我想我自己近来倒很有几分相像。

如是在泉州住了两个月以后,又到惠安到厦门到漳州,都是继续前稿。除了利养,还是名闻;除了名闻,还是利养。日常生活,总不在名闻利养之外,虽在瑞竹岩住了两个月,稍少闲静,但是不久,又到祈保亭冒充善知识,受了许多的善男信女的礼拜供养,可以说是惭愧已极了。

九月又到安海,住了一个月,十分的热闹。近来再到泉州,虽然时常起一种恐惧厌离的心,但是仍不免向这一条名闻利养的路上前进。可是近来也有件可庆幸的事,因为我近来得到永春十五岁小孩子的一封信。他劝我以后不可常常宴会,要养静用功。信中又说起他近来的生活,如吟诗、赏月、看花、静坐等,洋洋千言的一封信。啊!他是一个十五岁的小孩子,竟有如此高尚的思想,正当的见解。我看到他这一封信,真是惭愧万分了。我自从得到他的信以后,就以十分坚决的心,谢绝宴会,虽然得罪了别人,也不管他,这个也可算是近来一件可庆幸的事了。

虽然是如此,但我的过失也太多了,可以说是从头至足,没有一处无过失,岂止谢绝宴会,就算了结了吗?尤其是今年几个月之中,极力冒充善知识,实在是太为佛门丢脸。别人或者能够原谅我，但我对我自己，绝对不能够原谅，断不能如此马马虎虎地过去。所以我近来对人讲话的时候，绝不顾惜情面，决定赶快料理没有了结的事情，将"法师""老法师""律师"等名目，一概取消，将学人、侍者等一概辞谢，孑然一身，遂我初服，这个或者亦是我一生的大结束了。

啊！再过一个多月，我的年纪要到六十了。像我出家以来，既然是无惭无愧，埋头造恶，所以到现在所做的事，大半支离破碎不能圆满，这个也是份所当然。只有对于养正院诸位同学，相处四年之久，有点不能忘情。我很盼望养正院从此以后，能够复兴起来，为全国模范的僧学院。可是我的年纪老了，又没有道德学问，我以后对于养正院，也只可说"爱莫能助"了。

啊！与诸位同学谈的时间也太久了，且用古人的诗来做临别赠言。诗云：

> 未济终焉心缥缈，万事都从缺陷好。
> 吟到夕阳山外山，古今谁免余情绕。

贰

修心以清心为要,
涉世以慎言为先

谦退是保身第一法,安详是处事第一法,涵容是待人第一法,恬淡是养心第一法。

行己有耻使于四方不辱使命论

间尝审时度势,窃叹我中国以仁厚之朝,而出洋之臣,何竟独无一人,能体君心而善达君意者乎?推其故实由于行己不知耻也。《记》曰:"哀莫大于心死。"心死者,诟之而不闻,曳之而不动,唾之而不怒,役之而不惭,刲之而不痛,糜之而不觉,则不知耻者,大抵皆心死者也。其行不甚卑乎!

然而我中国之大臣,其少也不读一书,不知一物,出穿窬之技,以作搭题,甘囚虏之容,以受搜捡。抱八股八韵,谓极宇宙之文。守高头讲章,谓穷天人之奥。是其在家时之行己,已忝然无耻也。即其仕也,不学军旅,而敢于掌兵。不谙会计,而敢于理财。不习法律,而敢于司李。瞽聋跛疾,老而不死,年逾耋颐,犹恋栈豆。接见西官,栗栗变色。听言若闻雷，睹颜若谈虎。其下焉者，饱食无事，趋衙听鼓，旅进旅退，濡濡若驱群豕，曾不为耻。

是其行己如是。故一旦衔君命，游四方，由中国而至于东洋焉。见有数火山，昼夜吐焰不息，则讶之。闻夫语言文字，则奇之。将曰：此邦之族，其性与人殊，遂去之不顾焉。其实彼未尝熟悉夫东洋之地利政治也，而反以此言相饰，不几为东洋人所窃笑乎？此所以辱君命者一也。

且由东洋而及于西洋焉，见有开矿产者，有习格致者，有图制作者，彼将曰，区区小道，吾儒不屑为也。其实彼则不识时务者也，而彼反以此言为得计。苟西人知之，不几视我中国君臣之底蕴乎？此所以辱君命者二也。

由兹二者推之，虽行偏四方，不反责诸己，徒轻视夫人，而犹曰，廷之献者，皆家之所修者也。吾不知家之所修者，即所以辱君命之事乎？是所令人深思焉，而莫解者矣，必也。臣当行己之际，必有所。然则所耻者何？亦耻己之所不能者耳。己之所不能者，莫如各国之时务。首考其地理，次问其风俗，继稽夫人心。又必详察夫天文，观其分野而知其地舆。今日者，人臣苟能于其所不能而耻者，而以为耻，则凡所耻者，将其理由是明，而其道由是知矣。苟使于四方，又何至遗强邻之讪笑，而辱于君命乎？

吾尝考之，汉苏武使匈奴，匈奴欲降之，武不从，置窖中六日，武啮雪得不死。又迁之北海，卒不屈。是其不辱使命，非其行止有耻故乎！《语》曰，四郊多垒，大夫之耻也。又曰，一物不知，儒者之耻。其斯之谓欤。要之，处可以为通儒，出即可以为良佐，辱命为辱君之渐，辱君即辱己之由。由是观之，则耻之所关亦甚大矣！虽羞恶之心，人皆有之。而何以今天下安于城下之辱，陵寝之蹂躏，宗社之震怒，边民之涂炭，而不思一雪，乃反讬虎穴以自庇。求为小朝廷，以乞旦夕之命，非明明无耻乎？朝睹烽燧，则苍黄瑟缩；夕闻和议，则歌舞太平。其人犹谓为有耻不得也。按行己犹言治己，有耻未可专指其志有所不为言，如孟子云，人不可以无耻之类是也。所以当日子贡问士，而夫子告之以此。其亦此意也夫。

乾始能以美利利天下论

《易》："乾始能以美利利天下。"吾盖三复其词，而叹天之生材，有利于天下者，固不乏也，况美利乎！而今天下之美利，莫外于矿一产；而中国之矿产，尤盛于他国。今山东之矿，已为他人所笼，山西之矿，亦为西商所觊。若东三省之金，湖南、四川、云南，以及川滇边界，夷地番地之五金煤炭，最为丰饶，他省亦复不少。于以见造化生生之理，有不可测议者矣。

然而乾始既能利天下以美利，有矿之处，宜由绅商公议，立一矿学会。筹集斧资，公举数人出洋，赴矿学堂学习数年，学成回华，再议开采。察矿之性，而后采矿。能不用西师固善，即仍用西师，我亦可辨是非而不为所欺。如是则得尺得寸，不等寸：象罔求珠矣。使非有以治之，虽能利天下以美利，而天下又乌能利乎？况中国近年来，部库空虚，司农几乎束手，而实倡处此，又不能不勉强支持。以故款愈绌而事愈多，事愈多而费愈重。除军营之饷需、文武之廉俸、各局厂委员司事之薪水、工食诸正款概不计算外，他若修铁也、立学堂也、定造兵轮、购办枪抱以及子弹火药也，种种要需，均属万不得已。论者莫不谓利天下之无术矣，而抑知不然也。虽中国昔时乾始利天下以美利者，不乏瑶琨筱荡齿革羽毛诸物，而论之于当世，则以矿产为先，试为指而示之。

若金银，若铜锡，若铁煤一切，生于天，蕴于地，源源不绝，非供国家之取用者乎？谓之以美利利天下，谁曰不宜？或者曰，同治初，元通商

伊始，当事建议开矿，纠集公司。然良莠不齐，未久即相率闭匿，致商民百万资本，尽付东流。今日偶及开矿一端，已几几乎望影惊心，谈虎变色矣，又何得谓为利天下乎？必也考之于古，则增设卯人，参之于今，则官督商办，仿盐法之制，量地设官，庶不负乾始利天下以美利之至意云耳。扼要之图，厥有四事：

一曰习矿师。开矿之法，识苗为先。当日所延矿师，半系

外洋无赖，夸张诡诈，愚弄华人，婪薪俸数万金，事后则飘然竟去。滇南延诸日本，受弊亦同。必须令洋学生专门学习，参以西法，精心考验，明试以功，斯则卯人之选也。此美利可以利天下者一也。

二曰集商本。近日集股之事，闻者咸有戒心。必须妥议章程，由户部商部，主持其事。苟有亏蚀，查究著偿。股票由商部印行，务使精美，不能作伪，乃能取信于民也。此美利可以利天下者二也。

三曰弭事端。众逾千人，派兵弹压，并矿丁团练，以防未然。秩之崇卑，视矿之大小，督抚兼辖。矿政如盐政之例，以一事权。矿中危险颇多，仍参仿西国章程办理。此美利可以利天下者三也。

四曰征税课。矿税不能定额，情形时有变迁，宜略仿泰西廿分抽一，信赏必罚，酌盈剂虚，因时制宜，随地立法。事之济否，首在得人矣。此美利可以利天下者四也。

之四者，皆尽美尽善，利国利民。将见一元肇运，秉乾刚以作睹，雅观上登理之书而四德推行，即守乾惕以雷阳，薰琴谱阜财之曲，纵山川之钟毓，正自无穷，而乾始则独于此见其厚焉。所以古之人仰法天，俯察地，观象于天，取材于地，五金之产，三品之珍，天地之精英，所以济万民之日用也。故自首山采铜而后，开矿之政，历唐虞三代，以迄宋元，有以举之，未敢废也。而我国家苟能奉此以行之，将见国于以富，兵于以强，则有利于天下者岂鲜浅哉！或故曰：今天下之美利，莫外于矿产，而中国之矿产尤盛于他国。

盖以士为四民之首，人之所以待士者重，则士之所以自待者益不可轻。士习端而后乡党视为仪型，风俗由之表率。务令以孝弟为本，材能为末，器识为先，文艺为后。

致知在格物论

昔宋孝宗即位，诏中外臣庶，陈时政阙失。朱子"封事"，首言帝王之学，必先格物致知。是知格物致知之学，为帝王所不废也。然世之欲致其知者，往往轻视夫格物之理，抑何谬也。夫格物之理，大之天下国家，小之民生日用，而轻视之者，每以奥区之星占，商高之算数，为格物之源，述天元之玉册，岳渎之真经，为格物之本。要之，井灶虫之见，徒遗笑鲲鹏。欲致其知，必先审夫格物之理。惟能审夫格物之理，其极处乃可无不到也。所以太山之高，非一石所能积；琅琊之东，渤澥稽天，非一水之钟。格物之理，微奥纷繁，非片端之能尽。此则人之欲致夫知者所不可不辨也。不然，仅尽此区区小道，即谓为格物全功，且谓由此行之，将见众物之表里精粗无不到,吾心之全体大用无不明,可谓为知之致也,岂理也耶。语云:"通天地人谓之儒。"又云:"一物不知,儒者之耻。"其此之谓欤。

非静无以成学论

从来主静之学，大人以之治躬，学者以之成学，要惟恃此心而已。《言行录》云："周茂叔志趣高远，博学力行，而学以主静为主。曰：'主静立极。'非其证欤。"然静苟谓为高谈清静之意，则非也。盖静者，安也。如"莫不静好""静言思之"之类。是静如水之止，而停蓄弥深；静如玉之藏，而温润自敛。《嘉言篇》云："非静无以成学。"其即此欤。成学者何？盖以气躁则学不精，气浮则学不利，克念深而罔念不作，人心去则道心自存，能静则学可成矣。而或者曰：平旦夜气，常人亦有此几希，岂知是必待处静之时而始能静，又安能成学乎。若静之云者，不于静之时见为静，即非静之时亦见为静，且非静时之静，无异于静时之静，更不求静而自静。夫乃后此心定矣，其心专矣,则学而不成者,未之有也。不然,游移而无真见,泛骛而多驰思,则虽朝诵读而夕讴吟,主宰必不克一也。又安望其成哉?

改习惯

<small>癸酉在泉州承天寺讲</small>

吾人因多生以来之夙习,及以今生自幼所受环境之熏染,而自然现于身口者,名曰习惯。

习惯有善有不善,今且言其不善者。常人对于不善之习惯,而略称之曰习惯。今依俗语而标题也。

在家人之教育,以矫正习惯为主。出家人亦尔。但近世出家人,唯尚谈玄说妙。于自己微细之习惯,固置之不问。即自己一言一动,极粗显易知之习惯,亦罕有加以注意者。可痛叹也。

余于三十岁时,即觉知自己恶习惯太重,颇思尽力对治。出家以来,恒战战兢兢,不敢任情适意。但自愧恶习太重。

二十年来，所矫正者百无一二。自今以后，愿努力痛改。更愿有缘诸道侣，亦皆奋袂兴起，同致力于此也。

吾人之习惯甚多。今欲改正，宜依如何之方法耶？若胪列多条，而一时改正，则心劳而效少，以余经验言之，宜先举一条乃至三四条，逐日努力检点，既已改正，后再逐渐增加可耳。

今春以来，有道侣数人，与余同研律学，颇注意于改正习惯。数月以来，稍有成效。今愿述其往事，以告诸公。但诸公欲自改其习惯，不必尽依此数条，尽可随宜酌定。余今所述者，特为诸公做参考耳。

学律诸道侣，已改正习惯，有七条。

一、食不言。现时中等以上各寺院，皆有此制，故改正甚易。

二、不非时食。初讲律时，即由大众自己发心，同持此戒。后来学者亦尔。遂成定例。

三、衣服朴素整齐。或有旧制，色质未能合宜者，暂作内衣，外罩如法之服。

四、别修礼诵等课程。每日除听讲、研究、抄写及随寺众课诵外，皆别自立礼诵等课程，尽力行之。或有每晨于佛前跪读法华经者，或有读华严经者，或有读金刚经者，或每日念佛一万以上者。

五、不闲谈。出家人每喜聚众闲谈，虚丧光阴，废弛道业，可悲可痛！今诸道侣，已能渐除此习。每于食后、或傍晚、休息之时，皆于树下檐边，或经行、或端坐、若默诵佛号、若朗读经文、若默然摄念。

六、不阅报。各地日报，社会新闻栏中，关于杀盗淫妄等事，记载最详。而淫欲诸事，尤描摹尽致。虽无淫欲之人，常阅报纸，亦必受其熏染。此为现代世俗教育家所痛慨者。故学律诸道侣，近已自己发心不阅报纸。

七、常劳动。出家人性多懒惰，不喜劳动。今学律诸道侣，皆已发心，每日扫除大殿及僧房檐下，并奋力作其他种种劳动之事。

以上已改正之习惯，共有七条。

尚有近来特实行改正之二条，亦附列于下：

一、食碗所剩饭粒。印光法师最不喜此事。若见剩饭粒者，即当面痛呵斥之。所谓施主一粒米，恩重大如山也。但若烂粥烂面留滞碗上不易除去者，则非此限。

二、坐时注意威仪。垂足坐时，双腿平列。不宜左右互相翘架，更不宜耸立或直伸。余于在家时，已改此习惯。且现代出家人普通之威仪，亦不许如此。想此习惯不难改正也。

总之，学律诸道侣，改正习惯时，皆由自己发心。绝无人出命令而禁止之也。

改过实验谈

<small>癸酉正月在厦门妙释寺讲</small>

今值旧历新年，请观厦门全市之中，新气象充满，门户贴新春联，人多着新衣，口言恭贺新禧、新年大吉等。我等素信佛法之人，当此万象更新时，亦应一新乃可。我等所谓新者何，亦如常人贴新春联、着新衣等以为新乎？曰：不然。我等所谓新者，乃是改过自新也。但"改过自新"四字范围太广，若欲演讲，不知从何说起。今且就余五十年来修省改过所实验者，略举数端为诸君言之。

余于讲说之前，有须预陈者，即是以下所引诸书，虽多出于儒书，而实合于佛法。因谈玄说妙修证次第，自以佛书最为详尽。而我等初学之人，持躬敦品、处事接物等法，虽佛书中亦有说者,但儒书所说,尤为明白详尽适于初学。故今多引之,以为吾等学佛法者之一助焉。以下分为总论别示二门。

总论者即是说明改过之次第:

一、学。须先多读佛书儒书,详知善恶之区别及改过迁善之法。倘因佛儒诸书浩如烟海,无力遍读,而亦难于了解者,可以先读《格言联璧》一部。余自儿时,即读此书。归信佛法以后,亦常常翻阅,甚觉其亲切而有味也。此书佛学书局有排印本甚精。

二、省。既已学矣,即须常常自己省察,所有一言一动,为善欤,为恶欤?若为恶者,即当痛改。除时时注意改过之外,又于每日临睡时,再将一日所行之事,详细思之。能每日写录日记,尤善。

三、改。省察以后,若知是过,即力改之。诸君应知改过之事,乃是十分光明磊落,足以表示伟大之人格。故子贡云:"君子之过也,如日月之食焉;过也人皆见之,更也人皆仰之。"又古人云:"过而能知,可以谓明。知而能改,可以即圣。"诸君可不勉乎!

别示者,即是分别说明余五十年来改过迁善之事。但其事甚多,不可胜举。今且举十条为常人所不甚注意者,先与诸君言之。

《华严经》中皆用十之数目，乃是用十以表示无尽之意。今余说改过之事，仅举十条，亦尔；正以示余之过失甚多，实无尽也。此次讲说时间甚短，每条之中仅略明大意，未能详言，若欲知者，且俟他日面谈耳。

一、虚心。常人不解善恶，不畏因果，绝不承认自己有过，更何论改？但古圣贤则不然。今举数例：孔子曰："五十以学易，可以无大过矣。"又曰："闻义不能徙，不善不能改，是吾忧也。"蘧伯玉为当时之贤人，彼使人于孔子。孔子与之坐而问焉，曰："夫子何为？"对曰："夫子欲寡其过而未能也。"圣贤尚如此虚心，我等可以贡高自满乎！

二、慎独。吾等凡有所作所为，起念动心，佛菩萨乃至诸鬼神等，无不尽知尽见。若时时作如是想，自不敢胡作非为。曾子曰："十目所视，十手所指，其严乎！"又引诗云："战战兢兢，如临深渊，如履薄冰。"此数语为余所常常忆念不忘者也。

三、宽厚。造物所忌，曰刻曰巧。圣贤处事，惟宽惟厚。古训甚多，今不详录。

四、吃亏。古人云："我不识何等为君子，但看每事肯吃亏的便是。我不识何等为小人，但看每事好便宜的便是。"古时有贤人某临终，子孙请遗训，贤人曰："无他言，尔等只要学吃亏。"

五、寡言。此事最为紧要。孔子云:"驷不及舌。"可畏哉!古训甚多,今不详录。

六、不说人过。古人云:"时时检点自己且不暇,岂有功夫检点他人。"孔子亦云:"躬自厚而薄责于人。"以上数语,余常不敢忘。

七、不文己过。子夏曰:"小人之过也必文。"我众须知文过乃是最可耻之事。

八、不覆己过。我等倘有得罪他人之处,即须发大惭愧,生大恐惧。发露陈谢,忏悔前愆。万不可顾惜体面,隐忍不言,自诳自欺。

九、闻谤不辩。古人云:"何以息谤?曰:无辩。"又云:"吃得小亏,则不至于吃大亏。"余三十年来屡次经验,深信此数语真实不虚。

十、不瞋。瞋习最不易除。古贤云:"二十年治一怒字,尚未消磨得尽。"但我等亦不可不尽力对治也。《华严经》云:"一念瞋心,能开百万障门。"可不畏哉!

因限于时间,以上所言者殊略,但亦可知改过之大意。最后,余尚有数言,愿为诸君陈者:改过之事,言之似易,行之甚难。故有屡改而屡犯,自己未能强作主宰者,实由无始宿业所致也。

佩玉编

明薛文清公《读书录》选

二十年治一怒字,尚未消磨的尽。以是知克己最难。

余每夜就枕,必思一日所行之事。所行合理,则恬然安寝。或有不合,即辗转不能寐。思有以更其失,又虑始勤终怠也,因笔录自警。

深以刻薄为戒,每事当从忠厚。

宁人负我,毋我负人。此言当留心。

惟宽可以容人,惟厚可以载物。

导友善不纳,则当止。宜体此言。

不能感人,皆诚之未至。

学以静为本。

口念书而心他驰，难乎有得矣。

余于坐立方向器用安顿之类，稍有不正，即不乐。必正而后已，非作意为之，亦其性然。

一语妄发即有悔，可不慎哉！

不力行，只是学人说话。

程子作字甚敬。曰："只此是学。"

凡取人，当舍其旧而图其新。自贤人以下，皆不能无过。或早年有过，中年能改。或中年有过，晚年能改。当不追其往，而图其新可也。若追究其往日之过，并弃其后来之善，将使人无迁善之门，而世无可用之材也。以是处心，刻亦甚矣。

大抵常人之情，责人太详，而自责太略。是所谓以圣人望人，以众人自待也。惑之甚矣！

作诗作文写字，疲弊精神，荒耗志气，而无得于己。惟从事于心学，则气完体胖，有休休自得之趣。惟亲历者知其味，殆难以语人也。

开卷即有与圣贤不相似处。可不勉乎？

欲以虚假之善，盖真实之恶。人其可欺，天其可欺乎？

人有负才能而见于辞貌者，其小也可知矣。

觉人诈，而不形于言，最有味。

戒太察，太察则无含弘之气象。

行有不得，皆反求诸己。

少陵诗曰："水流心不竞，云在意俱迟。"从容自在，可以形容有道者之气象。

有于一事心或不快，遂于别事处置失宜，此不敬之过也。

往时怒，觉心动。近觉随怒随休，而心不为之动矣。

轻当矫之以重，急当矫之以缓。褊当矫之以宽，躁当矫之以静。暴当矫之以和，粗当矫之以细。察其偏者而悉矫之，久则气质变矣。

陶渊明曰："此亦人子也，可善遇之。"（案此指奴婢而言）

处事大宜心平气和。

行七八分，言二三分。

处事不可使人知恩。

旧习最害事。吾欲进，彼则止吾之进。吾欲新，彼则汩吾之新。甚可恶，当刮绝之。

为学时时处处是做工夫处。虽至卑至陋处，皆当存谨畏之心，而不可忽。且如就枕时，手足不敢妄动，心不敢乱想，这便是睡时做工夫，以至无时无事不然。

英气甚害事。浑涵不露圭角最好。

第一要有浑厚包涵从容广大之气象。促迫、褊窄、浅率、浮躁，非有德之气象。只观人气象，便知其涵养之浅深。

余觉前二十年之功，不如近时切实而有味。

寡欲，省多少劳扰。

只寡欲，便无事。无事，心便澄然矣。

密汝言，和汝气。

余少时学诗学字，错用工夫多。早移向此，庶几万一。

省察之功，不可一时而或息。《诗》曰："夙夜匪懈。"其斯之谓欤？！

敬字、一字、无欲字，乃学者至要至要。余近日甚觉敬与无欲之力。

观人之法，只观含蓄，则浅深可见。

方为一事，即欲人知，浅之尤者。

时然后言，惟有德者能之。

古人衣冠伟博，皆所以庄其外而肃其内。后人服一切简便短窄之衣，起居动静惟务安适。外无所严，内无所肃。鲜不习而为轻佻浮薄者。

守约者，心自定。

待人当宽而有节。

处己接物，事上使下，皆当以敬为主。

圣人言人过处，皆优柔不迫，含蓄不露。此可以观圣人之气象。

曾子曰："战战兢兢，如临深渊，如履薄冰。"君子之守其身，可不慎乎？

必使一言不妄发，则庶几寡过矣。

珠藏泽自媚，玉蕴山含辉。此涵养之至要。

慎言谨行，是修己第一事。

气质极难变，十分用力，犹有变不尽者。然亦不可以为难变，而遂懈于用力也。

小人不可与尽言。

导人以善，不可则止。其知几乎！

言要缓，行要徐，手要恭，立要端。以至作事有节，皆不暴其气之事。

轻诺则寡信。

为学第一在变化气质。不然，只是讲说耳。

人誉之，使无可誉之实，不可为之加喜。人毁之，使无可毁之实，不可为之加戚。惟笃于自信而已。

轻言则人厌，故谨言为自修之要。

识量大，则毁誉欣戚不足以动其中。

人不知而不愠，最为难事。今人少被人侮慢，即有不平之意，是诚德之未至也。无深远之虑，乐浅近之事者，恒人也。

刘立之谓从明道年久，未尝见其有暴厉之容，宜观明道之气象。

圣人教人，只是文行忠信，未尝极论高远。

教人言理太高，使人无可依据。

人犹知论人之是非，而己之是非则不知也。

心无所主，即动静皆失其中。

犯而不校，最省事。

只可潜修默进，不可求人知。

"中人以上，可以语上也。中人以下，不可以语上也。"须谨守此训，斯无失言之过。

放下一切外物，觉得心闲省事。

交人而人不敬信者，只当反求诸己。

凡事皆当推功让能与人，不可有一毫自德自能之意。

人不能受言者，不可妄与一言。

"中人以上，可以语上。中人以下，不可与语上。"教人者当谨守此言。与人谈论，亦当谨守此言。

待人当宏而有节。

大抵少能省己之失，惟欲寻人之失。是所谓不攻己之恶，而攻人之恶，大异乎圣人之教矣。

人不谋诸己，而强为之谋，彼即不从，是谓失言。日用间此等甚多，人以为细事而不谨，殊不知失言之责，无小大也。谨之！

日用间纤毫事，皆当省察谨慎。

元城刘忠定力行"不妄语"三字，至于七年而后成。力行之难如此，而亦不可不勉也。

句句着落不脱空，方是谨言。

温公谓："诚自不妄语始。"信哉斯言也。

信口乱谈者，无操存省察之功也。

读正书，明正理，亲正人，存正心，行正事，斯无不正矣。

宴安之私，最难克。

宴安鸩毒，此言当深省。

名节至大，不可妄交非类以坏名节。

简默凝重以持己。

一善不可妄发，一事不可妄动。

日间时时刻刻，紧紧于自己身心上存察用力，不可一毫懈怠。

细思，处事最难。

信而后谏，未信则以为谤己也。君臣朋友皆然，可不慎哉！

闻外议，只当自修自省。

程子曰："省躬克己不可无，亦不可常留在心作悔。"盖常留在心作悔，则心体为所累，而不能舒泰也。

潜修不求人知，理当如此。

汲汲自修不及，何暇责人。不自修而责人，舍其田而耘人之田也。

张子曰："学至于不贵人，其学进矣。"此言当身体而力行之。愚屡言及此而不厌其烦者，亦欲深省而实践之也。

正己者乃能正人。未有枉己而能正人者也。

既往之非不可追，将来之非不可作。此吾之自省也。

卫武公蘧伯玉皆以高年而笃于进修，诚可为后世法。

常存不如人之心则有进。

卫武公年九十五，犹作懿戒以自警。

孔子曰："焉用杀！"《论语》二十篇，无以杀字论为政者。圣人之仁心大矣。

《论语》一书，未有言人之恶者。熟读之，可见圣贤之气象。

人之威仪,须臾不可不严整,盖有物有则也。

心每有妄发,即以经书圣贤之言制之。

孔子言有恒者难见。验之人,信然。

不能动人,惟责己之诚有未至。

不怨天,不尤人,理当如是。

颜子终日不违如愚。喋喋多言,而能存者寡矣。

恕字用之不尽。

不迁怒工夫甚难。惟尝用力者知之,然亦不可不勉。

欲寡其过而未能之意,时时不可忘。此实修己之要也。

清三韩梁瀛侯《日省录》选

唐尧戒云:"战战栗栗,日谨之一日。人莫踬于山而踬于垤。"

武王书履云:"行必履正,无怀侥幸。"又书《锋》云:"忍之须臾乃全汝躯。"又《衣铭》云:桑蚕苦,女工难,得新绢,故后必寒。

《金人铭》云:"古之慎言人也,戒之哉!戒之哉!无多言,多言多败。无多事,多事多患。安乐必戒,无行所悔。勿谓何伤,其祸将长。勿谓何害,其祸将大。勿谓不闻,神将伺人。焰焰不灭,炎炎若何?涓涓不壅,终为江河。绵绵不绝,或成网罗。毫末不札,将寻斧柯。诚能慎之,福之根也。口是何伤,祸之门也。强梁者不得其死,好胜者必遇其敌。盗憎主人,民怨其上。君子知天下之不可上也,故下之。知众人之不可先也,故后之。温恭慎德,使人慕之。执雌持下,人莫逾之。人皆趋彼,我独守此。人皆惑之,我独不徙。内藏我智,不示人技。我虽尊高,人莫我害。江海虽左,长于百川,以其下也。天道无亲,常与善人。戒之哉!"

勿谓善小而不为,勿谓恶小而为之。

人生一日,或闻一善言,见一善行,行一善事,此日方不虚生。

有一言而伤天地之和,一事而折终身之福者。切须检点。

耳中常闻逆耳之言,心中常有拂心之事,才是进德修业的砥石。若言言悦耳,事事快心,便把此身埋在鸩毒中矣。

薛文清曰:"心如镜,敬如磨镜。镜才磨,则尘垢去而光彩发。心才敬,则人欲清而天理明。识得破,忍不过。说得硬,守不定。笑前辙,忘后跌。轻千乘,豆羹竞。讳疾忌医,掩耳偷铃。论人甚明,视己甚昧。得时夸能,不遇妒世。此人情之通患也。"

无事，便思有闲杂妄想否。有事，便思有粗浮意气否。得意，便思有骄矜辞色否。失意，便思有怨望情怀否。

天薄我以福，吾厚吾德以迓之。天劳我以形，吾逸吾心以补之。天阨我以遇，吾亨吾道以通之。天且奈我何哉！

变化气质，居常无所见，惟当利害，经变故，遭屈辱，平时愤怒者，到此能不愤怒，忧惶失措者，到此能不忧惶失措。始有得力处，亦便是用力处。

英气甚害事，浑涵不露圭角最好。

人虽至愚，责人则明。虽有聪明，恕己则昏。常以责人之心责己，恕己之心恕人，不患不到圣贤地位。

语人之短不曰直，言人之恶不曰义。

人人赋陛，岂容一例苛求。事事凭天，未许预先打算。

毋以小嫌疏至亲，毋以新怨忘旧恩。

马援《诫子书》曰："吾欲汝曹闻人过失，如闻父母之名，耳可得闻，口不可得言也。"

林退斋官至尚书，临终，子孙跽请曰："大人何以训子孙？"公曰："若等只要学我吃亏。"

人家最不要事事足意，常有些不足处便好。人家才事事足意，便有不好事出来，亦消长之理然也。

君子于人,当于有过中求无过。不可于无过中求有过。

忠厚君子,刻薄小人,分途只在一心。

水至清则无鱼,人至察则无徒。

盛喜中勿许人物,盛怒中勿答人书。

御寒莫若重裘,止谤莫若自修。

一切顺逆得丧毁誉爱憎,要知宇宙古今圣贤凡民都有的,不必辄自惊异。

莫大之祸,起于须臾之不忍,不可不谨。

少陵诗云:"忍过事堪喜。"

娄师德戒其弟曰:"吾甚忧汝与人相竞。"弟曰:"人唾面,亦自拭之。"师德曰:"凡人唾汝,是其人怒,汝拭之,是逆其心,何不待其自乾。"

伊川见人论前辈之短,曰:"汝且取他长处。"

格言别录

依《格言联璧》录写

学问类

为善最乐,读书便佳。

茅鹿门云:"人生在世,多行救济事,则彼之感我,中怀倾倒,浸入肝脾。何幸而得人心如此哉!"

诸君到此何为,岂徒学问文章,擅一艺微长,便算读书种子?在我所求亦恕,不过子臣弟友,尽五伦本分,共成名教中人。(广州香山书院楹联)

何谓至行?曰:庸行。何谓大人?曰:小心。

凛闲居以体独,卜动念以知几,谨威仪以定命,敦大伦以凝道,备百行以考德,迁善改过以作圣。(刘忠介《人谱》六条)

观天地生物气象,学圣贤克己工夫。

存养类

自家有好处,要掩藏几分,这是涵育以养深。别人不好处,要掩藏几分,这是浑厚以养大。

以虚养心,以德养身,以仁养天下万物,以道养天下万世。

一动于欲,欲迷则昏。一任乎气,气偏则戾。

刘直斋云:"存心养性,须要耐烦耐苦,耐惊耐怕,方得纯熟。"

寡欲故静,有主则虚。

不为外物所动之谓静,不为外物所实之谓虚。

宜静默,宜从容,宜谨严,宜俭约。

敬守此心,则心定。敛抑其气,则气平。

青天白日的节义,自暗室屋漏中培来。旋乾转坤的经纶,自临深履薄处得力。

谦退是保身第一法,安详是处事第一法,涵容是待人第一法,恬淡是养心第一法。

刘念台云:"涵养,全得一缓字,凡言语、动作皆是。"

应事接物,常觉得心中有从容闲暇时,才见涵养。

刘念台云:"易喜易怒,轻言轻动,只是一种浮气用事,此病根最不小。"

吕新吾云:"心平气和四字,非有涵养者不能做,工夫只在个定火。"

陈榕门云:"定火工夫,不外以理制欲。理胜,则气自平矣。"

自处超然,处人蔼然。无事澄然,有事斩然。得意淡然,失意泰然。

气忌盛,心忌满,才忌露。

意粗性躁,一事无成。心平气和,千祥骈集。

冲繁地,顽钝人,拂逆时,纷杂事,此中最好养火。若决烈愤激,不但无益,而事卒以偾,人卒以怨,我卒以无成,是谓至愚。耐得过时,便有无限受用处。

人性褊急则气盛,气盛则心粗,心粗则神昏,乖舛谬戾,可胜言哉?

以和气迎人,则乖沴灭。以正气接物,则妖气消。以浩气临事,则疑畏释。以静气养身,则梦寐恬。

轻当矫之以重,浮当矫之以实,褊当矫之以宽,躁急当矫之以和缓,刚暴当矫之以温柔,浅露当矫之以沉潜,褊刻当矫之以浑厚。

尹和靖云:"莫大之祸,皆起于须臾之不能忍,不可不谨。"

逆境顺境看襟度,临喜临怒看涵养。

持躬类

聪明睿智,守之以愚。道德隆重,守之以谦。

富贵,怨之府也;才能,身之灾也;声名,谤之媒也;欢乐,悲之渐也。

只是常有惧心,退一步做,见益而思损,持满而思溢,则免于祸。

人生最不幸处,是偶一失言,而祸不及;偶一失谋,而事倖成;偶一恣行,而获小利。后乃视为故常,而恬不为意。则莫大之患,由此生矣。

学一分退让,讨一分便宜。增一分享用,减一分福泽。

不自重者取辱,不自畏者招祸。

盖世功劳,当不得一个矜字。弥天罪恶,当不得一个悔字。

大着肚皮容物,立定脚跟做人。

事当快意处须转，言到快意时须住。

殃咎之来，未有不始于快心者。故君子得意而忧，逢喜而惧。

物忌全胜，事忌全美，人忌全盛。

尽前行者地步窄，向后看者眼界宽。

花繁柳密处拨得开，方见手段。风狂雨骤时立得定，才是脚跟。

人当变故之来，只宜静守，不宜躁动。即使万无解救，而志正守确，虽事不可为，而心终可白。否则必致身败，而名亦不保，非所以处变之道。

步步占先者，必有人以挤之；事事争胜者，必有人以挫之。

安莫安于知足，危莫危于多言。

行己恭，责躬厚，接众和，立心正，进道勇。择友以求益，改过以全身。

度量如海涵春育，持身如玉洁冰清，襟抱如光风霁月，气概如乔岳泰山。

心不妄念，身不妄动，口不妄言，君子所以存诚。内不欺己，外不欺人，上不欺天，君子所以慎独。

心志要苦，意趣要乐，气度要宏，言动要谨。

心术以光明笃实为第一，容貌以正大老成为第一，言语以简重真切为第一。平生无一事可瞒人，此是大快乐。

书有未曾经我读，事无不可对人言。

心思要缜密，不可琐屑。操守要严明，不可激烈。

聪明者戒太察，刚强者戒太暴。

以情恕人，以理律己。

以恕己之心恕人，则全交。以责人之心责己，则寡过。

唐荆川云："须要刻刻检点自家病痛，盖所恶于人许多病痛处，若真知反己，则色色有之也。"

以淡字交友，以聋字止谤，以刻字责己，以弱字御侮。

居安虑危，处治思乱。

事事难上难，举足常虞失坠。件件想一想，浑身都是过差。

怒宜实力消融，过要细心检点。

事不可做尽，言不可道尽。

胡文定公云："人家最不要事事足意，常有事不足处方好。才事事足意，便有不好事出来，历试历验。邵康节诗云：'好花看到半开时。'最为亲切有味。"

精细者，无苛察之心。光明者，无浅露之病。

识不足则多虑，威不足则多怒，信不足则多言。

足恭伪态，礼之贼也。苛察歧疑，智之贼也。

缓字可以免悔，退字可以免祸。

敦品类

敦诗书，尚气节，慎取与，谨威仪，此惜名也。竞标榜，邀权贵，务矫激，习模棱，此市名也。惜名者，静而休。市名者，躁而拙。辱身丧名，莫不由此。求名适所以坏名，名岂可市哉！

处事类

处难处之事愈宜宽，处难处之人愈宜厚，处至急之事愈宜缓。

必有容，德乃大。必有忍，事乃济。

吕新吾云："做天下好事，既度德量力，又须审势择人。'专欲难成，众怒难犯'——此八字，不独妄动邪为者宜慎，虽以至公无私之心，行正大光明之事，亦须调剂人情，发明事理，俾大家信从，然后动有成，事可久。盖群情多暗于远识，小人不便于私己，群起而坏之，虽有良法，胡成胡久？"

强不知以为知，此乃大愚。本无事而生事，是谓薄福。

白香山诗云："我有一言君记取，世间自取苦人多。"

无事时，戒一偷字。有事时，戒一乱字。

刘念台云："学者遇事不能应，总是此心受病处。只有炼心法，更无炼事法。炼心之法，大要只是胸中无一事而已。无一事，乃能事事，此是主静工夫得力处。"

处事大忌急躁，急躁则先自处不暇，何暇治事？

论人当节取其长，曲谅其短。做事必先审其害，后计其利。

无心者公，无我者明。

接物类

严着此心以拒外诱，须如一团烈火，遇物即烧。宽着此心以待同群，须如一片春阳，无人不暖。

凡一事而关人终身，纵确见实闻，不可着口。凡一语而伤我长厚，虽闲谈戏谑，慎勿形言。

结怨仇，招祸害，伤阴骘，皆由于此。

持己当从无过中求有过，非独进德，亦且免患。待人当于有过中求无过，非但存厚，亦且解怨。

遇事只一味镇定从容，虽纷若乱丝，终当就绪。待人无半毫矫伪欺诈，纵狡如山鬼，亦自献诚。

公生明，诚生明，从容生明。

公生明者，不蔽于私也。诚生明者，不杂以伪也。从容生明者，不淆于惑也。

穷天下之辩者，不在辩而在讷。伏天下之勇者，不在勇而在怯。

何以息谤？曰：无辩。何以止怨？曰：不争。

人之谤我也，与其能辩，不如能容。人之侮我也，与其能防，不如能化。

张梦复云："受得小气，则不至于受大气。吃得小亏，则不至于吃大亏。"

又云："凡事最不可想占便宜，便宜者，天下人之所共争也。我一人据之，则怨萃于我矣，我失便宜，则众怨消矣，故终身失便宜，乃终身得便宜也。此余数十年阅历有得之言，其遵守之，毋忽。余生平未尝多受小人之侮，只有一善策，能转湾早耳。"

忍与让,足以消无穷之灾悔。古人有言:"终身让路,不失尺寸。"

以仁义存心,以忍让接物。

林退斋临终,子孙环跪请训,曰:"无他言,尔等只要学吃亏。"

任难任之事,要有力而无气。处难处之人,要有知而无言。

穷寇不可追也,遁辞不可攻也。

恩怕先益后损,威怕先松后紧。先益后损,则恩反为仇,前功尽弃。先松后紧,则管束不下,反招怨怒。

善用威者不轻怒,善用恩者不妄施。

宽厚者,毋使人有所恃。精明者,不使人无所容。

轻信轻发,听言之大戒也。愈激愈厉,责善之大戒也。

吕新吾云:"愧之则小人可使为君子,激之则君子可使为小人。"

激之而不怒者,非有大量,必有深机。

处事须留余地,责善切戒尽言。

曲木恶绳,顽石恶攻。责善之言,不可不慎也。

吕新吾云:"责善要看其人何如,又当尽长善救失之道。无指摘其所忌，无尽数其所失，无对人，无峭直，无长言，无累言。犯此六戒，虽忠告非善道矣。"

又云："论人须带三分浑厚，非直远祸，亦以留人掩盖之路，触人悔悟之机，养人体面之余，犹天地含蓄之气也。"

使人敢怒而不敢言者，便是损阴骘处。

凡劝人，不可遽指其过，必须先美其长，盖人喜则言易入，怒则言难入也。善化人者，心诚色温，气和辞婉；容其所不及，而谅其所不能；恕其所不知，而体其所不欲；随事讲说，随时开导。彼乐接引之诚，而喜于所好；感督责之宽，而愧其不材。人非木石，未有不长进者。我若嫉恶如仇，彼亦趋死如鹜，虽欲自新而不可得，哀哉！

先哲云："觉人之诈，不形于言；受人之侮，不动于色。此中有无穷意味，亦有无限受用。"

喜闻人过，不若喜闻己过。乐道己善，何如乐道人善。

论人之非，当原其心，不可徒泥其迹。取人之善，当据其迹，不必深究其心。

吕新吾云："论人情，只向薄处求；说人心，只从恶边想。此是私而刻底念头，非长厚之道也。"

修己以清心为要，涉世以慎言为先。

恶莫大于纵己之欲，祸莫大于言人之非。

施之君子，则丧吾德。施之小人，则杀吾身。（案此指言人之非者）

人褊急，我受之以宽宏。人险仄，我待之以坦荡。

持身不可太皎洁，一切污辱垢秽要茹纳得。处世不可太分明，一切贤愚好丑要包容得。

精明须藏在浑厚里作用。古人得祸，精明人十居其九，未有浑厚而得祸者。

德盛者，其心和平，见人皆可取，故口中所许可者多。德薄者，其心刻傲，见人皆可憎，故目中所鄙弃者众。

吕新吾云："世人喜言无好人，此孟浪语也。推原其病，皆从不忠不恕所致，自家便是个不好人，更何暇责备他人乎？"

律己宜带秋气，处世须带春风。

盛喜中勿许人物，盛怒中勿答人书。

喜时之言多失信，怒时之言多失体。

静坐常思己过，闲谈莫论人非。

面谀之词，有识者未必悦心。背后之议，受憾者常若刻骨。

攻人之恶毋太严，要思其堪受。教人以善毋过高，当使其可从。

事有急之不白者，缓之或自明，毋急躁以速其戾。人有操之不从者，纵之或自化，毋苛刻以益其顽。

己性不可任，当用逆法制之，其道在一忍字。人性不可拂，当用顺法调之，其道在一恕字。

临事须替别人想，论人先将自己想。

欲论人者先自论，欲知人者先自知。

凡为外所胜者，皆内不足。凡为邪所夺者，皆正不足。

今人见人敬慢，辄生喜愠心，皆外重者也。此迷不破，胸中冰炭一生。

小人乐闻君子之过，君子耻闻小人之恶。此存心厚薄之分，故人品因之而别。

惠不在大，在乎当厄。怨不在多，在乎伤心。

毋以小嫌疏至戚，毋以新怨忘旧恩。

刘直斋云："好合不如好散，此言极有理。盖合者，始也；散者，终也。至于好散，则善其终矣。凡处一事，交一人，无不皆然。"

惠吉类

群居守口,独坐防心。

造物所忌,曰刻曰巧。万类相感,以诚以忠。

《谦》卦六爻皆吉,恕字终身可行。

知足常足,终身不辱。知止常止,终身不耻。

明镜止水以澄心,泰山乔岳以立身,青天白日以应事,霁月光风以待人。

悖凶类

盛者衰之始,福者祸之基。

叁

世界是个回音谷，
念念不忘必有回响

凛闲居以体独，卜动念以知几，谨威仪以定命，敦大伦以凝道，备百行以考德，迁善改过以作圣。

李庐印谱序

聚自兽蹄鸟迹,权舆六书。抚印一体,实祖缪篆。信缩戈戟,屈蟠龙蛇。范铜铸金,大体斯得,初无所谓奏刀法也。赵宋而后,兹事遂盛。晁王颜姜,谱派灼著。新理泉达,眇法葩呈。韵古体超,一空凡障,道乃烈矣。清代金石诸家,搜辑探讨,突驾前贤;旁及篆刻,遂可法尚。丁黄唱始,奚蒋继声,异军特起,其章草焉。盖规秦抚汉,取益临池,气采为尚,形质次之。而古法畜积,显见之于挥洒,与谂之于刻画。殊路同归,义固然也。不佞僻处海隅,昧道懵学,结习所在,古欢遂多。爰取所藏名刻,略加排辑,复以手作,置诸后编,颜曰《李庐印谱》。太仓一粒,无裨学业,而苦心所注,不欲自埋。海内博雅,不弃窳陋,有以启之,所深幸也。

乐石社记

粤若稽古先圣,继天有作,创造六书,以给世用,后贤踵事,附庸艺林。金石刻画,实祖缪篆。上起秦汉,下逮珠申,彬彬郁郁,垂二千年。可谓盛矣。世衰道微,士不悦学。一技之末,假手隅夷,兽蹄鸟迹,触目累累。破觚为圆,用夷变夏。典型沦丧,殆无讥焉。

不佞无似,少耽痂癖,结习所存,古欢未坠。曩以人事,羁迹武林,滥竽师校。同学邱子,年少英发。既耽染翰,尤耆印文,校秦量汉,笃志爱古,遂约同人,集为兹社,树之风声,颜以乐石。切磋商兑,初限校友,继乃张皇。他山取益,志道既合,声气遂孚。自冬徂春,规模浸备。复假彼故宫为我社址,西泠印社诸子,觥觥先进,勿弃菲葑。左提右挈,乐观厥成，兹可感也。不佞昧道懵学，文质靡底。前无老马，尸位经年。伏念雕虫篆刻，壮夫不为，而雅废夷侵，贤者所耻。值猖狂衰廓之秋，结枯槁寂寞之侣。足音空谷，幽草寒蛩，纵未敢自附于国粹之林，倘亦贤乎博奕云尔。爰陈梗概，备观览焉。乙卯六月李息翁记。

《音乐小杂志》序

闲庭春浅,疏梅半开。朝曦上衣,软风入媚。流莺三五,隔树乱啼;乳燕一双,依人学语。上下宛转,有若互答,其音清脆,悦魄荡心。若夫萧辰告悴,百草不芳。寒蛩泣霜,杜鹃啼血;疏砧落叶,夜雨鸣鸡。闻者为之不欢,离人于焉陨涕。又若登高山,临巨流,海鸟长啼,天风振袖,奔涛怒吼,更相逐搏,砰磅訇磕,谷震山鸣。懦夫丧魄而不前,壮士奋袂以兴起。呜呼!声音之道,感人深矣。唯彼声音,佥出天然;若夫人为,厥有音乐。天人异趣,效用靡殊。

繁夫音乐,肇自古初,史家所闻,实祖印度,埃及传之,稍事制作;逮及希腊,乃有定名,道以著矣。自是而降,代有作者,流派灼彰,新理泉达,瑰伟卓绝,突轶前贤。迄于今兹，发达益烈。云瀚水涌，一泻千里，欧美风靡，亚东景从。盖琢磨道德，促社会之健全；陶冶性情，感精神之粹美。效用之力，宁有极欤。

乙巳十月，同人议创《美术杂志》，音乐隶焉。乃规模粗具，风潮突起。同人星散，瓦解势成。不佞留滞东京，索居寡侣，重食前说，负疚何如？爰以个人绵力，先刊《音乐小杂志》，饷我学界，期年二册，春秋刊行。蠡测莛撞，矢口惭讷。大雅宏达，不弃窳陋，有以启之，所深幸也。

乌呼！沉沉乐界，眷予情其信芳。寂寂家山，独抑郁而谁语？矧夫湘灵瑟渺，凄凉帝子之魂；故国天寒，呜咽山阳之笛。春灯燕子，可怜几树斜阳；玉树后庭，愁对一钩新月。望凉风于天末，吹参差其谁思！瞑想前尘，辄为怅惘。旅楼一角，长夜如年。援笔未终，灯昏欲泣。

时丙午正月三日。

释美术

兹有告者，游艺会节目，分手工部为美术手工、教育手工、应用手工，云云。似未适当。某君评语，"手工宜注意恩物一门，勿重美术"，是亦分手工恩物与美术为二，似为不妥。西学入中国，新名词日益繁，或袭日本所译，或由学者所订，其能十分适当者，盖鲜。学子不识西字，仅即译名之字义，据为定论者，姑无论已。或深知西字，而于原字种种之意义，及种种之界限，未能明了，亦难免指鹿为马也。美术之字义，西儒解释者众，然多幽玄之哲理。非专门学者，恒苦不解。今姑从略。请以通俗之说，述之如下：

美，好也，善也。宇宙万物，除丑恶污秽者外，无论天工、人工，皆可谓之美术。日月霞云，山川花木，此天工之美术也；宫室衣服、舟车器什，此人工之美术也。天无美术，则世界浑沌；人无美术，则人类灭亡。泰古人类，穴居野处，迄于今日，文明日进。则美术思想有以致之。故凡宫室衣服，舟车器什，在今日，几视为人生所固有，而不知是即古人美术之遗物也。古人既制美术之物，遗我后人。后人摹造之，各竭其心思智力，补其遗憾，日益精进，互以美术相竞争。美者胜，恶者败，胜败起伏，而文明以是进步。故曰，美术者，文明之代表也。观英、法、德诸国，其政治、军备、学术、美术，皆以同一之程度，进于最高之位置。彼目美术为奢华、为淫艳、为外观之美者，是一孔之见，不足以概括美术二字也。

综而言之，美术字义，以最浅近之言解释之，美，好也；术，方法也。美术，要好之方法也。人不要好，则无忌惮；物不要好，则无进步。美术定义，如是而已！

以手制物，谓之手工。无术不能成。恩物亦手工中之一门，以手制造者，故恩物亦无术不能成。此固尽人皆知，非仆所强为牵合者。手工恩物既无术不能成，而独哓哓以重美术为戒，夫万物公例无中立，嗜美嗜恶，必居其一。不重美术，将以丑恶污秽为贵乎，仆知必不然也。

以上所解释美术者，虽属广义，然仆敢断定，手工恩物为应用美术之一种，此固毫无疑义者也。

美术之定义与界限，以上所言者，不过十之二三。他日有暇，当撰完全之美术论，以备足下参考。

谈写字的方法

我到闽南这边来,已经有十年之久了。

前几年冬天的时候,我也常到南普陀寺来,看到大殿、观音殿及两廊旁边的栏杆上,排列了很多很多的花。尤其正在过年的时候,更是多得很。

其中有一种名叫"一品红"的(闽南人称为圣诞花,其顶端之叶均作红色,学名为 Euphorbia Pulcherrima),颜色非常鲜明,非常好看,可以说是南国特有的一种风味,特有的色彩。每当残冬过去,春天快到来的时候,把它摆出来,好像是迎春的样子,而气象确也为之一新。

我于去年冬天到这里来,心中本来预料着,以为可以看到许多的"一品红"了。岂知一到的时候,空空洞洞,所看到的，尽是其他的花草，因而感到很伤心。为什么？以前那么多的"一品红"，现在到哪里去了呢？找来找去，找了很久，只在那新功德楼的地方，发现了三棵，都是憔悴不堪，颜色不大鲜明，很怨惨的样子。也没有什么人要去赏玩了。于是使我联想到佛教养正院：过去的时候，也曾经有很光荣的历史，像那些"一品红"一样，欣欣向荣，有无限的生机。可是现在，则有些衰败的气象了。

养正院开办已经三年了，这期间，自然有很多可纪念的史迹。可是观察其未来，则很替它悲观，前途很不堪设想。我现在在南普陀这里，还可以看到养正院的招牌，下一次再来的时候，恐怕看不到了。这一次，也许可以说是我"最后的演讲"。

（1）这一次所要讲的，是这里几位学生的意思——要我来讲关于写字的方法。

我想写字这一回事，是在家人的事，出家人讲究写字有什么意思呢？所以，这一次讲写字的方法，我觉得很不对。因为出家人假如只会写字，其他的学问一点不知道，尤其不懂得佛法，那可以说是佛门的败类。须知出家人不懂得佛法，只会写字，那是可耻的。出家人唯一的本分，就是要懂得佛法，要研究佛法。不过，出家人并不是绝对不可以讲究写字的，但不可用全副精神去应付写字就对了。出家人固应对于佛法全力研究，而于有空的时候，写写字也未尝不可。写字如果写到了有个样子，能写对子、中堂来送与人，以作弘法的一种工具，也不是无益的。

倘只能写得几个好字，若不专心学佛法，虽然人家赞美他字写得怎样的好，那不过是"人以字传"而已。我觉得：出家人字虽然写得不好，若是很有道德，那么他的字是很珍贵的，结果都是能够"字以人传"。如果对于佛法没有研究，而且没有道德，纵能写得很好的字，这种人在佛教中是无足轻重的了。他的人本来是不足传的。即能"人以字传"——这是一桩可耻的事，就是在家人也是很可耻的。

今天虽然名为讲写字的方法，其实我的本意是要劝诸位来学佛法的。因为大家有了行持，能够研究佛法，才可利用闲暇时间，来谈谈写字的法子。

关于写字的源流、派别，以及笔法、章法、用墨……古人已经讲得很清楚了。而且有很多的书可以参考，我不必多讲。现在只就我个人关于写字的心得及经验随便来说一说。

诸位写字的成绩很不错。但是每天每个人只限定写一张，而且只有一个样子，这是不对的。每天练习写字的时候，应该将篆书、大楷、中楷、小楷四个样子，都要多多地写与练习。如果没有时间，关于中楷可以略掉；至于其他的字样，是缺一不可的。且要多多地练习才对。

我有一点意见，要贡献给诸位。下面所说的几种方法，我认为是很重要的。

（2）我对于发心学字的人，总是劝他们先由篆字学起。为什么呢？有几种理由：

第一，可以顺便研究《说文》，对于文字学，便可以有一点常识了。因为一个字一个字都有它的来源，并不是凭空虚构的，关于一笔一划，都不能随随便便乱写的。若不学篆书，不研究《说文》，对于文字学及文字的起源就不能明白——简直可以说是不认得字啊！所以写字若由篆书入手，不但写字会进步，而且也很有兴味的。

第二，能写篆字以后，再学楷书，写字时一笔一划，也就不会写错的了。我以前看到养正院几位学生所抄写的稿子，写错的字很多很多。要晓得：写错了字，是很可耻的，这正如学英文的人一样，不能把字母拼错一个。若拼错了字，人家怎么认识呢？写错了我们自己的汉文字，更是不可以的。我们若先学会了篆书，再写楷字时，那就可以免掉很多错误。此外，写篆字也可以为写隶书、楷书、行书的基础。学会了篆字之后,对于写隶书、楷书、行书就都很容易,因为篆书是各种写字的根本。

若要写篆字的话,可先参看《说文》这一类的书。有一部清人吴大澂的《说文部首》,那是不可缺少的。因为这部书很好,便于初学,如果要学写字的话,先研究这一部书最好。

既然要发心学写字的话,除了写篆字外,还有大楷、中楷、小楷,这几样都应当写。我以前小孩子的时候,都通通写过的。至于要学一尺、二尺的字,有一个很简便的方法:那就可用大砖来写,平常把四块大砖拼合起来,做成桌子的样子,而且用架子架起来,也可当桌子用;要学写大字,却很方便,而且一物可供两用了。

大笔怎样得到呢?可用麻扎起来做大笔,要写时,就可以任意挥毫。大砖在南方也许不多,这里倒有一个方法可以替代:就是用水门汀拼起来成为桌子。而用麻来写字,都是一样的。这样一来,既可练习写字,而纸及笔,也就经济得多了。

篆书、隶书乃至行书都要写,样样都要学才好;一切碑帖也都要读,至少要浏览一下才可以。照以上的方法学了一个时期以后,才可专写一种或专写一体。这是由博而约的方法。

（3）至于用笔呢？算起来有很多种，如羊毫、狼毫、兔毫……普通是用羊毫，紫毫及狼毫亦可用，并不限定哪一种。最要注意的一点：就是写大字须用大笔，千万不可用小笔！用小的笔写大字，那是错误的。宁可用大笔写小字，不可以用小笔写大字。

还有纸的问题。市上所售的油光纸是很便宜的，但太光滑很难写。若用本地所产的粗纸，就无此毛病了。我的意思：高年级的同学可用粗纸，低年级的可用油光纸。

此地所用的有格子的纸，是不大适合的，和我们从前的九宫格的纸不同。以我的习惯而论，我用九宫格的方法，就不是这个样子。

若用这种格子的纸，写起字来，是很方便的，这样一来，每个字都有规矩绳墨可守。如写大楷时，两线相交的地方，成了一个十字形，就不致上下左右不相对称了。要晓得：写字总不能随随便便。每个字的地位要很正，要不偏左不偏右，不上不下，要有一定的标准。因为线有中心点，初学时注意此线，则写起来，自然会适中很"落位"了。

平常写字时，写这个字，眼睛专看这个字，其余的字就不管，这也是不对的。因为上面的字，与下面的字都有关系的——即全部分的字，不论上下左右，都须连贯才可以。这一点很要紧，须十分注意。不可以只管写一个字，其余的一切不去管它。因为写字要使全体都能够配合，不能单就每个字去看的。

再有一点须注意的：当我们写字的时候，切不可倚在桌上，须使腕高高地悬起来，才可以运用如意。

写中楷悬腕固好，假如肘部要倚着，那也无妨。至于小楷，则可以倚在桌上，不必悬腕的。

（4）以上所说的，是写字的初步法门。现在顺便讲讲关于写对联、中堂、横批、条幅等的方法。

我们写对联或中堂，就所写的一幅字而论，是应该有章法的。普通的一幅中堂，论起优劣来，有几种要素须注意的。现在估量其应得的分数如下：

章法：五十分。

字：三十五分。

墨色：五分。

印章：十分。

就以上四种要素合起来，总分数可以算一百分。其中并没有平均的分数。我觉得其差异及分配法，当照上面所分配的样子才可以。

一般人认为每个字都很要紧,然而依照上面的记分,只有三十五分。大家也许要怀疑,为什么章法反而分数占多数呢?就章法本身而论,它之所以占着重要的原因,理由很简单,在艺术上有所谓三原则,即统一、变化、整齐。

这在西洋绘画方面被认为是很重要的。我便借来用在此地,以批评一幅字的好坏。我们随便写一张字,无论中堂或对联,将字排起来,或横或直,首先要能够统一:字与字之间,彼此必须相联络、互相关系才好。但是单只统一也不能的,呆板也是不可以的,须当变化才好。若变化得太厉害,乱七八糟,当然不好看。所以必须注意彼此互相联络、互相关系才可以的。

就写字的章法而论大略如此。说起来虽很简单,却不是一蹴可就的。这需要经验的,多多地练习,多看古人的书法以及碑帖,养成赏鉴艺术的眼光,自己能常去体认,从经验中体会出来,然后才可以慢慢地有所成就。

所谓墨色要怎样才可以?即质料要好,而墨色要光亮才对。还有印章盖坏了,也是不可以的。盖的地方要位置设中,很落位才对。所谓印章,当然要刻得好,印章上的字须写得好。至于印色，也当然要好的。盖用时，可以盖一颗、两颗。印章有圆的、方的、大的、小的不一，且有种种的区别。如何区别及使用呢？那就要于写字之后再注意盖用，因为它也可以补救写字时章法的不足。

以上所说的，是关于写字的基本法则。可当作一种规矩及准绳讲，不过是一种呆板的方法而已。

写字最好的方法是怎样？用哪一种方法才可以达到顶好顶好的呢？我想诸位一定很热心地要问。

我想了又想，觉得想要写好字，还是要多多地练习，多看碑，多看帖才对，那就自然可以写得好了。

诸位或者要说，这是普通的方法，假如要达到最高的境界须如何呢？我没有办法再回答。曾记得《法华经》有云："是法非思量分别之所能解。"我便借用这句子，只改了一个字，那就是"是字非思量分别之所能解"了。因为世间无论哪一种艺术，都是非思量分别之所能解的。

即以写字来说，也是要非思量分别，才可以写得好的。同时要离开思量分别，才可以鉴赏艺术，才能达到艺术的最上乘的境界。

记得古来有一位禅宗的大师，有一次人家请他上堂说法，当时台下的听众很多,他登台后默默地坐了一会儿,以后即说:"说法已毕。"便下堂了。所以,今天就写字而论,讲到这里,我也只好说"谈写字已毕"了。

假如诸位用一张白纸(完全是白的),没有写上一个字,送给教你们写字的法师看,那么他一定说:"善哉善哉!写得好,写得好!"

诸位听了我所讲的以后,要明白我的意思——学佛法最为要紧。如果佛法学得好,字也可以写得好的。不久,会泉法师要在妙释寺讲《维摩经》,诸位有空的时候,要去听讲,要注意研究。经典要多多地参考,才能懂得佛法。

我觉得最上乘的字或最上乘的艺术,在于从学佛法中得来。要从佛法中研究出来,才能达到最上乘的地步。所以,诸位若学佛法有一分的深入,那么字也会有一分的进步。能十分地去学佛法,写字也可以十分的进步。

肆

人家最不要事事足意，
常有事不足处方好

诸君到此何为，岂徒学问文章，擅一艺微长，便算读书种子？在我所求亦恕，不过子臣弟友，尽五伦本分，共成名教中人。

游记

西湖夜游记

壬子七月,余重来杭州,客师范学舍。残暑未歇,庭树肇秋,高楼当风,竟夕寂坐。越六日,偕姜、夏二先生游西湖。于时晚晖落红,暮山被紫,游众星散,流萤出林。湖岸风来,轻裾致爽。乃入湖上某亭,命治茗具。又有菱芰,陈粲盈几。短童侍坐,狂客披襟,申眉高谈,乐说旧事。庄谐杂作,继以长啸,林鸟惊飞,残灯不华。起视明湖,莹然一碧;远峰苍苍,若现若隐,颇涉遐想,因忆旧游。曩岁来杭,故旧交集,文子耀斋,田子毅侯,时相过从,辄饮湖上。岁月如流,倏逾九稔。生者流离,逝者不作,坠欢莫拾,酒痕在衣。刘孝标云:"魂魄一去,将同秋草。"吾生渺茫,可唏然感矣。漏下三箭,秉烛言归。星辰在天,万籁俱寂,野火暗暗,疑似青磷;垂杨沉沉,有如酣睡。归来篝灯,斗室无寐,秋声如雨,我劳如何?日暝意倦,濡笔记之。

四友重摄一影题跋

余来沪上，明年岁在庚子。共宝山蔡小香、袁仲濂，江阴张小楼，云间许幻园诸子，结为天涯五友，并于宝记像室写影一帧。尔来二十有八年矣，重游申渎，小居江弯缘缘堂。蔡子时已殂化，惟袁张许子犹数过谈，乐说往事，乃复相偕写影于宝记像室。是时改元后十六年，丁卯十月一日，袁子年五十四，张子五十一，许子五十，余四十八。写影自右依齿序焉。无着道人。

瑞竹岩记

瑞竹岩名，非古也。昔唐楚熙禅师结卯万松山巅，曰德云庵。宋大觉琏禅师兴建梵宇，仍其旧称。逮及明季，皇子莅山，见枯竹簇萌，谓为瑞相，因题庵岩曰瑞竹。而德云庵名，自是不显于世。其时，宰官陈天定暨住持绝尘禅师发愿重建佛殿，移其基址，趣落下方，盘石屏冲，林木蓊郁，视昔为胜矣。又复相传有林国老者，未第时，读书山中，及跻贵显，乃建介石云窠于佛殿右，今唯存其残址，俗谓为八角楼也。清宣宗时，智宣禅师驻锡瑞竹，禅师为邑望族，梵行高洁，工诗善书，亦能绍隆光显前业，为世所称。厥后道风日微，寖以衰废。洎今岁首，檀越迎请智峰法师入山，兴复旧迹。法师学行夐迈，乘愿再来，夙夜精勤，誓隆先德。复礼大悲忏仪为日课。尝语余曰：为寺主者应自行持，勤修三学，轨范大众，岂惟躬佩劳务已耶。余深服其所见高卓，可谓今之法门龙象矣。余于曩月，弘法漳东，鹭屿变起，道路阂绝。因居瑞竹，获观胜迹。夙缘有在，盖非偶然。岁次戊寅五月，弘一。

书信

致许幻园

一九〇一年，上海

云间谱兄大人经席：

奉上素纸三叠，望察收。是序明正作好不迟，付印须二月时也。命书之件，略迟报命。前见示佳著，盥诵再四，哀艳之思，溢于毫素，佩甚佩甚！暇当掇拾数什，奉和大雅，但珠玉在前，而瓦砾恐瞠乎其后耳。雨雪霁时，知己倘有余晷，请到敝寓一叙。临颖依依，曷胜眷眷。即请大安！

如小弟成蹊顿状

一九〇三年秋，上海

幻园老哥同谱大人左右：

　　别来将半载矣，比维起居万福，餐卫佳胜为颂。弟于前日由汴返沪，侧闻足下有返里之意，未识是否？秋风菁鲈，故乡之感，乌能已已，料理归装，计甚得也。小楼兄在南京甚得意，应三江师范学堂日文教习之选，束金颇丰，今秋亦应南闱乡试，闻二场甚佳，当可高攀巍科也。××兄已不在方言馆，终日花丛征逐，致迷不返，将来结局，正自可虑。专此，祗颂。

　　行安！不尽欲言。

姻小弟广平顿
初二日

一九〇六年八月三十日，日本东京

幻园吾哥：

　　手书敬悉。教员束脩，前嘱家兄汇申，不意至今尚未到著，今已致函催促，不日必可寄到。致零用一节，弟已函达子英君，请君与渠商酌可也。弟自入美术学校后，每日匆忙万状，久未通讯，祈亮之。前《国民新闻》（大隈伯主持）将弟之

113

肖影并画稿登出，兹奉呈一纸，请哂纳，匆匆上。

姻如小弟哀顿
八月三十日

附呈致施君一函，祈转交，以后惠书请写交日本东京下谷区茶屋町一番地中村李××，因弟即日迁居也。

一九一三年七月十六日，杭州

幻园兄：

今日又呕血，诵范肯堂《落照》（绝命诗）云："落照原能媲旭辉，车声人迹尽稀微。可怜步步为深黑，始信苍茫有不归！"通人亦作乞怜语可哂也。家国困穷，百无聊赖，速了此残喘，亦大佳事，但祝神谶去冬已为兄言，不吾欺也。社中近有何变动？乞示其详。适包君发行部来寓，弟气促声嘶，不暇细谈。代售杂志价洋已交来，当时弟未细算，顷始检查，似缺二元二角有零。晤时便乞一询。

谱弟李息顿
七月十六日

一九一三年，杭州

幻园谱兄：

　　承惠金至感。写件本当报命，奈弟近来大窘困，凡有写件，拟一律取润，乞转前途为幸。木印共十二颗，初六日刻好送下，至祷！

弟息顿首

一九一八年十一月十四日，嘉兴精严寺

幻园居士文席：

　　在禾晤谭为慰。马一浮大师于是间讲《起信论》，演音亦侍末席，暂不他适。顷为仁者作小联，久不学书，腕弱无力，不值方家一哂也。演音拟请仓石、梅盦盘各书一幅，以补草庵之壁，大小横直不限，能二幅配合相等尤善。仁者有暇，奉访二老人，为述贫衲之意。文句另写奉，能依是书，尤所深愿。今后惠书，寄杭州城内珠宝巷蹉务学校周佚生居士转致，不一。

释演音

十一月十四日

致刘质平

一九一五年九月三日,杭州

质平仁弟足下:

顷奉手书,敬悉。《和声学》亦收到。尊状近若何,至以为念!人生多艰,"不如意事常八九",吾人于此,当镇定精神,勉于苦中寻乐;若处处拘泥,徒劳脑力,无济于事,适自苦耳。吾弟卧病多暇,可取古人修养格言(如《论语》之类)读之,胸中必另有一番境界。下半年仍来杭校甚善。不佞固甚愿与吾弟常相叙首也。祗询近佳!

息上

九月三日

不佞于本学年兼任杭、宁二校课程，汽车往来千二百里，亦一大苦事也。

[今夏]游日本未及到东京，故章程尚未觅到。详情容后复。

一九一六年八月十九日，杭州

质平仁弟：

来函，诵悉。日本留学生向来如是。虽亦有成绩佳良者，然大半为日人作殿军或并殿军之资格而无之。故日人说起留学生辄作滑稽讪笑之态。不佞居东八年，固习见不鲜矣。君之志气甚佳，将来必可为吾国人吐一口气。但现在宜注意者如下：

（一）宜重卫生，俾免中途辍学（习音乐者，非身体健壮之人不易进步。专运动五指及脑，他处不运动，则易致疾。故每日宜为适当之休息及应有之娱乐，适度之运动。又宜早眠早起，食后宜休息一小时，不可即弹琴）。

（二）宜慎出场演奏，免人之忌妒。（能不演奏最妥，抱璞而藏，君子之行也。）

（三）宜慎交游，免生无谓之是非。（留学界品类尤杂，最宜谨慎。）

（四）勿躐等急进。（吾人求学，须从常规，循序渐进，欲速则不达矣。）

（五）勿心浮气躁。[学稍有得，即深自矜夸，或学而不进（此种境界他日有之），即生厌烦心，或抱悲观，皆不可。必须心气平定，不急进，不间断。日久自有适当之成绩。]

（六）宜信仰宗教，求精神上之安乐。（据余一人之所见，确系如此，未知君以为如何？）

附录格言数则呈阅。

不佞近来颇有志于修养，但言易行难，能持久不变尤难，如何如何！今秋因经先生坚留，情不可却，南京之兼职似可脱离。君暇时乞代购弦 E 二根、A 二根、D 三根、G 二根，封入信内寄下。六七日内拟汇款五元存尊处，尚有他物乞代购也。君如须在沪杭购物，不佞可以代办，望勿客气，随时函达可也。

君在校师何人？望示知。听音乐会之演奏，有何感动？此不佞所愿闻者也。此复，即颂旅吉。

李婴

八月十九日

门先生乞为致意，他日稍暇，当作书奉候。并谓现在不佞求学不得，如行夜路，视门先生如在天上矣。

一九一七年一月十八日，杭州

手书诵悉，清单等皆收到。愈学愈难，是君之进步，何反以是为忧！B氏曲君习之，似躐等，中止甚是。试验时宜应试，取与不取，听之可也。不佞与君交谊至厚，何至因此区区云对不起？但如君现在忧虑过度，自寻苦恼，或因是致疾，中途辍学，是真对不起鄙人矣。从前鄙人与君函内解劝君之言语，万万不可忘记，宜时时取出阅看。能时时阅看，依此实行，必可免除一切烦恼。从前牛山充入学试验，落第四次、中山晋平落第二次，彼何尝因是灰心？

总之，君志气太高，好名太甚，"务实循序"四字，可为君之药石也。中学毕业免试科学，是指毕业于日本中学者；君能否依此例，须详询之。证明书容代为商量。五日后返沪，补汇四元廿钱。前君投稿于《教育周报》，得奖银十六元。此款拟汇至日本可否？望示知！此复，即颂

近佳！

李婴上
一月十八日

（再者）鄙人拟于数年之内容，入山为佛弟子（或在近一二年亦未可知，时机远近，非人力所能处也）。现已陆续结束一切。君春秋尚盛，似不宜即入此道。但如现在之遇事忧虑，自寻苦恼，恐不久将神经混杂，得不治之疾，鄙人可以断言。鄙意以为，君此时宜详审坚决。如能痛改此习，耐心向学，最为中正之道。倘自己仍无把握，不能痛改此习，将来必至学而无成，反致恶果；不如即抛却世事入山为佛弟子，较为安定也。叨在至好，帮尽情言之。阅后付丙。

一九一七年，杭州

质平仁弟足下：

来书诵悉。《菜根谭》及 M 经，前已收到，曾致复片，计已查收。官费事可由君访察他人补官费之经过情形，由君作函寄来。上款写经、夏二先生及不佞三人，函内详述他省补费之办法。此函寄至不佞处，由不佞与经、夏二先生商酌可也。君在东言行谨慎，甚佳。交友不可勉强，宁无友不可交寻常之友（或不尽然），虽无损于我，亦徒往来酬酢，作无谓之谈话，周旋消费力学之时间耳。门先生忠厚长者，可以为君之友人。此外不再交友，亦无妨碍。始亲终疏，反致怨尤，故不如于始不亲之为佳也。不佞前致君函有应注意者数条，宜常阅之。又格言数则，亦不可忘。不佞无他高见，惟望君按部就班用功，不求近效。进太锐者恐难持久。不可心太高，心高是灰心之根源也。心倘不定，可以习静坐法。入手虽难，然行之有恒，自可入门。（君有崇信之宗教，信仰之尤善，佛、伊、耶皆可。）音乐书前日已挂号寄奉。附一函乞转交门先生。此复，即颂近佳！

李婴

一九一七年，杭州

质平仁弟：

昨上一函一片，计达览。请补官费之事，不佞再四斟酌，恐难如愿。不佞与夏先生素不与官厅相识，只可推此事于经先生。经先生多忙，能否专为此事往返奔走，亦未可知。即能任劳力谋，成否亦在未可知之数（总而言之，求人甚难）。此中困难情形，可以意料及之也。君之家庭助君学费，大约可至何时？如君学费断绝，困难之时，不佞可以量力助君。但不佞婆人也，必须无意外之变，乃可如愿。因学校薪水领不到时，即无可设法。今将详细之情形述之如下：

不佞现每月入薪水百零五元

出款：

上海家用四十元　年节另加

天津家用廿五元　年节另加

自己食物十元

自己零用五元

自己应酬费买物添衣费五元

如依是正确计算，严守此数，不再多费，每月可余廿元。

此廿元即可以作君学费用。中国留学生往往学费甚多，但日本学生每月有廿元已可敷用。不买书、买物、交际游览，可以省钱许多。将来不佞之薪水，大约有减无增。但再减，去五元，仍无大妨碍（自己用之款内，可以再加节省），如再多减，则觉困难矣。

又不佞家无恒产，专恃薪水养家。如患大病不能任职，或由学校辞职，或因时局不能发薪水，倘有此种变故，即无法可设也。以上所述，为不佞个人之情形。

倘以后由不佞助君学费，有下列数条，必须由君承认实行乃可。

一、此款系以我辈之交谊，赠君用之，并非借贷与君。因不佞向不喜与人通借贷也。故此款君受之，将来不必偿还。

二、赠款事只有吾二人知，不可与第三人谈及。君之家族门先生等皆不可谈及，家族如追问，可云有人如此而已，万不可提出姓名。

三、赠款期限，以君之家族不给学费时起，至毕业时止。但如有前述之变故，则不能赠款（如减薪水太多，则赠款亦须减少）。

四、君须听从不佞之意见，不可违背。不佞并无他意，但愿君按部就班用功，无太过不及。注重卫生，俾可学成有获，不致半途中止也。君之心高气浮是第一障碍物（自杀之事不可再想），必须痛除。

以上所说之情形，望君详细思索，写回信复我。助学费事，不佞不敢向他人言，因他人以诚意待人者少也。即有装面子暂时敷衍者，亦将久而生厌，焉能持久？君之家族，尚不能尽力助君，何况外人乎？若不佞近来颇明天理，愿依天理行事，望君勿以常人之情推测不佞可也。此颂

近佳！

李婴

此函阅后焚去

人生哪能多如意

一九三一年九月廿九日，上虞法界寺

质平居士：

廿五日自甬寄来之函，诵悉。近日身体已如常，终日劳动，亦不甚疲倦，乞释远念。书件已写毕（惟除大听二十八对，未写），如此功德圆满，可为庆慰。俟仁者来寺之后小住，或朽人与仁者同暂时出外，云游绍、嘉、杭、沪、甬诸处，约一二月，再归法界寺。统俟晤面时，再约定也。不宣。

乞购大块之墨一方带下。

附写四联句：

今日方知心是佛，前身安见我非僧。

事业文章俱草草，神仙富贵两茫茫。

凡事须求恰好处，此心常懔自欺时。

事能知足心常惬，人到无求品自高。

音疏

九月廿九日夕

一九三六年五月，鼓浪屿日光岩

质平居士道席：

前复明信，想已收到。歌集出版，乞惠施十册（寄南普陀广洽法师转）。歌集中乞仁者作序或跋一篇，详述此事发起及经过之情形。余近居鼓浪屿闭关，其地为外国租界，至为安稳。但通信，仍寄前写之处转交也。属写小联纸，尚未收到。俟秋凉时，用心书写，并拟写多叶结缘物也。以后与仁者通信，寄至宁波四中，妥否？乞示知。附奉上拙书一叶，为今年旧元旦晨朝起床，坐床边所写。其时大病稍有起色，正九死一生之时。其时共写四叶，今以一叶赠与仁者，可为纪念也。此次大病，为生平所未经历，亦所罕闻。自去年旧十一月底，发大热兼外症，一时并作。十二月中旬，热渐止，外症不愈。延至正月初十，乃扶杖勉强下床步行（以前不能下床）。中旬，到厦门就医，医者为留日医学博士黄丙丁君（泉州人，人甚诚实）。彼久闻余名，颇思晤谈。今请彼医，至为欢悦，十分尽心。至旧四月底（旧历有闰三月）共百余日，外症乃渐痊愈。据通例，须医药电疗注射（每日往电疗一次）等费约五六百金，彼分文不收，深可感也。谨陈。

演音疏

致夏丏尊

一九二九年旧四月十二日，温州庆福寺

丏尊居士：

前奉上二片，想已收到。铜模已试写三十页。费尽心力，务求其大小匀称。但其结果，仍未能满意。现由余详细思维，此事只可中止。其原因如下：

一、此事向无有创办者，想必有困难之处。今余试之，果然困难。因字之大小与笔画之粗细及结体之或长或方或扁，皆难一律。今余书写之字，依整张之纸看之，似甚齐整。但若拆开，以异部之字数纸（如口彳卩亻匚儿等），拼集作为一行观之，则弱点毕露，甚为难看。余曾屡次试验，极为扫兴，故拟中止。

二、去年应允此事之时，未经详细考虑，今既书写，乃知其中有种种之字，为出家人书写甚不合宜者。如刀部中残酷凶恶之字甚多。又女部中更不堪言。尸部中更有极秽之字，余殊不愿执笔书写。此为第二之原因（此原因甚为重要）。

三、余近来眼有病。戴眼镜久，则眼痛。将来或患增剧，即不得不停止写字。则此事亦终不能完毕。与其将来功亏一篑，不如现在即停止。此为第三之原因。

余素重然诺，决不愿食言。今此事实有不得已之种种苦衷。务乞仁者在开明主人之前，代为求其宽恕谅解，至为感祷。所余之纸，拟书写短篇之佛经三种（如《心经》之类是），以塞其责，聊赎余罪。

前寄来之碑帖等，余已赠与泉州某师。又《新字典》及铅字样本并未书写之红方格纸，亦乞悉赠与余。至为感谢。

余近来精神衰颓，远不如去秋晤谈时之形状。质平前属撰之《歌集》，亦屡构思，竟不能成一章。止可食言而中止耳。余年老矣，屡为食言之事。日夜自思，殊为抱愧，然亦无可如何耳。务乞多多原谅。至感至感。已写之三十张奉上，乞收入。

演音上

旧四月十二日

一九二九年阳历五月六日，温州庆福寺

丏尊居士：

　　惠书诵悉。承询所需。至用感谢。此次由闽至温，旅费甚省。故尚有余资。宿疾本因路途辛劳所致，今已愈十之九。铜模字即可书写。拟先写千余字寄上。俟动工镌刻后，再继续书写其余者。今细检商务铅字样本，至为繁杂。有应用之字而不列入者。有《康熙字典》所未载之僻字及俗体字，而反列入者。若依此书写，殊不适用。令拟改依《中华新字典》所载者书写，而略增加。总以适用于排印佛书及古书等为主。倘有欠缺，他时尚可随时补写也。墓志造像不列目录，甚善。《佛教大辞典》，是否仍存尊处？因嘉兴前来书谓未曾收到。如未送去，仍以存尊处为宜。阳历四月十九日寄挂号信与上海美专刘质平居士，至今半月余，无有复音。乞为探询，质平是否仍在美专，或在他处？便中示知为感。

演音
阳历五月六日

一九二九年重阳，上虞白马湖

丏尊居士：

惠书，欣悉一一。摄影甚美，可喜。山房建筑，于美观上甚能注意，闻多出于石禅之计划也。石禅新居，由山房望之，不啻一幅画图。（后方之松树配置甚妙）彼云："曾费心力，惨淡经营。良有以也。"现在余虽未能久住山房，但因寺院充公之说，时有所闻。未雨绸缪，早建此新居，贮蓄道粮，他年寺制或有重大之变化，亦可毫无忧虑，仍能安居度日。故余对于山房建筑落成，深为庆慰。甚感仁等护法之厚意也。（秋后往闽闭关之事，是为夙愿，未能中止。他年仍可来居山房，终以此处为久居之地也。）以上之意，如仁者与发起诸居士及施资诸居士晤面之时，乞为代达。因恐他人以新居初成，即往他方或致疑讶者。故乞仁者善为之解释，俾令大众同生欢喜之心也。数日以来，承尊宅馈赠食品，助理杂务，一切顺适，至用感谢！顺达，不具。

演音答
重阳朝

一九三五年旧五月廿八日，惠安净峰寺

丏尊居士道鉴：

惠书具悉。吉子临终，安详无苦，是助念佛名力也。余自昨夕始，为诵《华严行愿品》。又有友人（不须酬资）亦为诵《行愿品》及《金刚经》。附奉上诵经证，请于灵前焚化可也。净峰寺在惠安县东三十里半岛之小山上，三面临海（与陆地连处仅十分之一）。夏季甚为凉爽，冬季北风为山所障，亦不寒也。小山之石，玲珑重叠，如书斋几上所供之珍品，惜在此荒僻之所无人玩赏耳。附奉《表记附录》一章，拟附于再版《表记》之后（用小号仿宋字排印）。倘陈无我居士来时，乞面交与。若已来者，乞挂号寄至世界新闻社。（大约在慕尔鸣路，乞探询之。）费神，至感！不宣。

开明出版《子恺漫画》，其卷首有仁者序文述余往事者，已忘其书名，乞寄赠四册，以结善缘，至用感谢！

演音复疏

旧五月廿八日

一九三九年旧六月十九日，永春普济寺

丐尊居士澄览：

惠书两通，于今午同时收到。信笺稿，写奉。刻木板时，乞勿移动其地位（印章亦勿移动）。因字形配合，及笔气连贯处，皆未能变易也。《护生画集》流布，承代谋画，甚感。朽人居深山中，诸事如常。永春及泉漳等处居民，多朝散暮归，唯营夜市，以避机弹，至可愍也。信笺稿之字句，皆出于《华严经》。乞代达无我居士，并希致候。不宣。

音启

六月十九日

一九三九年中秋后二日，永春普济寺

丐尊居士澄览：

惠书诵悉。至用欢慰。书件，附挂号邮奉。以后暇时，拟多写结缘之书幅，俟时局平靖即可邮寄也。承询所需，甚感。现无所需。居深山高峰麓，有如世外桃源，永春亦别名桃源也。谨复，不备。

音启

农历中秋后二日

附一笺及经名三纸,乞费神转交蔡丏因居士。彼昔居法界环龙路三十号,近未通信,未审住所,乞转询之。附白。

一九四二年旧九月,泉州温陵养老院

丏尊居士文席:

朽人已于"九"月"初四"日迁化。曾赋二偈,附录于后:

君子之交,其淡如水。执象而求,咫尺千里。问余何适,廓尔亡言。华枝春满,天心月圆。

谨达,不宣。

音启

前所记月日,系依农历。又白。

致李圣章

一九二二年四月初六日,温州庆福寺

圣章居士慧览:

二十年来,音问疏绝。昨获长简,环诵数四,欢慰何如。任杭教职六年,兼任南京高师顾问者二年,及门数千,遍及江浙。英才蔚出,足以承绍家业者,指不胜屈,私心大慰。弘扬文艺之事,至此已可作一结束。戊午二月,发愿入山剃染,修习佛法,普利含识。以四阅月力料理公私诸事:凡油画、美术、图籍,寄赠北京美术学校(尔欲阅者可往探询之),音乐书赠刘子质平,一切杂书零物赠丰子子恺(二子皆在上海专科师范,是校为吾门人辈创立)。布置既毕,乃于五月下旬入大慈山（学校夏季考试，提前为之），七月十三日剃发出家，九月在灵隐受戒，始终安顺，未值障缘，诚佛菩萨之慈力加被也。出家既竟，学行未充，不能利物，因发愿掩关办道，暂谢俗缘。（由戊午十二月至庚申六月，住玉泉清涟寺时较多。）庚申七月，至亲城贝山（距富阳六十里）居月余，值障缘，乃决意他适。于是流浪于衢、严二州者半载。辛酉正月，返杭居清涟。三月如温州，忽忽年余，诸事安适，倘无意外之阻障，不它往。当来道业有成，或来北地与家人相聚也。音拙于辩才，说法之事，非其所长，行将以著述之业终其身耳。比年以来，此土佛法昌盛，有一日千里之势。各省相较，当以浙省为第一。附写初学阅览之佛书数种，可向卧佛寺佛经流通处请来，以备阅览。拉杂写复，不尽欲言。

释演音疏答

四月初六日

尔父处亦有复函，归家时可索阅之。

致堵申甫

一九二六年旧二月五日，杭州招贤寺

申甫居士丈室：

　　昨承枉谈，至用欣慰！装订《华严经》事，今详细思维，如不重切者，则装订之时亦甚困难。因此经共二十七册，原来刀切偏斜者，以前数册为甚，以后渐渐端正。至后数册，大致不差。故装订时，裁剪书面（即书皮子）及衬纸（每册前后之白纸），须逐册比量，甚为费事。又此书原来刀切偏斜之处，朽人曾详细审视，非是直线，乃是曲线。下方向上而曲，上方亦向上而曲。此等之处，如装订时，欲使书面及前后之衬纸一一与原书之形吻合，非用剪刀剪之不可。若以刀裁，即成直线,与原书之形未能合也。以是之故,此书若不重切,则装订之时,极为困难,且不易得美满之结果。今思有二种办法。其一,为冒险重切。其二,则不重切。即将原书旧有之书皮翻转,裱贴黄纸一层,俟干时,用剪刀依旧书皮之大小剪之(其曲线处仍其旧式),即以此装订。(但册数之先后次序,不可紊乱。例如第一册之书皮,仍订入第一册等。因此书全部前后样式稍参差也。)至于前后衬入之白纸,则只可省去。因此白纸,若一一剪成曲线之形,极为不易,必致参差不齐也(若依第一种办法,冒险重切者,则仍每册前后衬白纸四页)。若冒险重切者,订书处如不能切,或向昭庆经房,请彼处切之如何(原书即系昭庆经房自切者)。诸乞仁者酌之。再者,昨云签条黑边外留白纸约二分者。指另印夹宣纸之签条而言。若橘黄色之签,因外衬白纸,固不须太阔也。叨在旧友,又以装订经典为胜上之功德,故琐缕陈诸仁者,不厌繁细。诸希鉴谅至幸。新昌膀字,宜以佛经句为宜,乞商之。此未宣具。

胜臂疏
二月五日

一九二七年正月望日,杭州常寂光寺

申甫居士丈室:

久别深念。朽人现居常寂光寺,方便掩室,不出外,不见客。唯须请一人为之护法。每月来此一二次,代为购办诸物,料理琐事。尊寓距此匪遥,来往殊便,拟请仁者负任此事,未审可否?至于朽人平日所用之钱物,已有他人资助,可以足用,希仁者勿念。上记之事,乞斟酌先示复(寄常寂光寺)。稍迟数日,再致函定期延请惠临,此未委具。

月臂疏

正月望日

致丰子恺

一九二八年八月廿二日,温州

子恺居士慧览:

今日午前挂号寄上一函及画稿一包,想已收到?顷又做成白话诗数首,写录于左(下):

(一)《倘使羊识字》(因前配之古诗,不贴切。故今改做。)

倘使羊识字,泪珠落如雨。
口虽不能言,心中暗叫苦!

(二)《残废的美》

好花经摧折,曾无几日香。
憔悴剩残姿,明朝弃道旁。

（三）《喜庆的代价》（原配一诗，专指庆寿而言，此则指喜事而言。故拟与原诗并存。共二首。或者仅用此一首，而将旧选者删去。因旧选者其意虽佳，而诗笔殊拙笨也。）

喜气溢门楣，如何惨杀戮。
唯欲家人欢，那管畜生哭！

（四）原题为《悬梁》

日暖春风和，策杖游郊园。
双鸭泛清波，群鱼戏碧川。
为念世途险，欢乐何足言。
明朝落网罟，系颈陈市鄽。
思彼刀砧苦，不觉悲泪潸。

案此原画，意味太简单，拟乞重画一幅。题名曰《今日与明朝》。将诗中"双鸭泛清波，群鱼戏碧川"之景，补入。与"系颈陈市鄽"相对照，共为一幅。则今日欢乐与明朝悲惨相对照，似较有意味。此虽是陈腐之老套头，今亦不妨采用也。俟画就时，乞与其他之画稿同时寄下。

再者，画稿中《母之羽》一幅，虽有意味，但画法似未能完全表明其意，终觉美中不足。倘仁者能再画一幅，较此为优者，则更善矣。如未能者，仍用此幅亦可。

前所编之画集次序，犹多未安之处。俟将来暇时，仍拟略为更动，俾臻完善。

演音上

八月廿二日

此函写就将发，又得李居士书。彼谓画集出版后，拟赠送日本各处。朽意以为若赠送日本各处者，则此画集更须大加整顿。非再需半年以上之力，不能编纂完美。否则恐贻笑邻邦，殊未可也。但李居士急欲出版，有迫不及待之势。朽意以为如仅赠送国内之人阅览，则现在所编辑者，可以用得。若欲赠送日本各处，非再画十数叶，重新编辑不可。此事乞与李居士酌之。

再者，前画之《修罗》一幅（即已经删去者），现在朽人思维，此画甚佳，不忍割爱，拟仍旧选入。与前画之《肉》一幅，接连编入。其标题，则谓为《修罗一》《修罗二》。（即以《肉》为《修罗一》，以原题《修罗》者为《修罗二》。）再将《失足》一幅删去。全集仍旧共计二十四幅。

附呈两纸，乞仁者阅览后，于便中面交李居士。稍迟亦无妨也。

廿三晨

一九二八年八月廿四日，温州

子恺居士：

新作四首，写录奉览：

凄音

小鸟在樊笼，悲鸣音惨凄。
恻恻断肠语，哀哀乞命词。
向人说困苦，可怜人不知。
犹谓是欢娱，娱情尽日啼。

农夫与乳母

忆昔襁褓时，尝啜老牛乳。
年长食稻粱，赖尔耕作苦。
念此养育恩，何忍相忘汝！
西方之学者，倡人道主义。
不啖老牛肉，淡泊乐素食。
卓哉此美风，可以昭百世！

人生哪能多如意

！！！

麟为仁兽，灵气所钟。
不践生草，不履生虫。
繄吾人类，应知其义。
举足下足，常须留意。
既勿故杀，亦勿误伤。
去我慈心，存我天良。

[附注]：儿时读《毛诗·麟趾章》，注云："麟为仁兽，不践生草，不履生虫。"余讽其文，深为感叹。四十年来，未尝忘怀。今撰护生诗歌，引述其义。后之览者，幸共知所警惕焉。

我的腿（旧配之诗，移入《修罗二》）

我的腿，善行走。
将来不免入汝手，
盐渍油烹佐春酒。
我欲乞哀怜，
不能作人言。
愿汝体恤猪命苦，
勿再杀戮与熬煎！

画集中《倒悬》一幅，拟乞改画。依原配之诗上二句，而作景物画一幅（即是"秋来霜露……芥有孙"之二句）。画题亦须改易，因原画之趣味，已数见不鲜，未能出色，不如改作为景物画较优美有意味也。再者《刑场》与《平等》二幅，或可删，亦可留，乞仁者酌之。

论月

八月廿四日

一九二八年九月初四日，温州

子恺居士：

前复信片，想达慧览。尚有白话诗二首，亦已作就，附写如下：

母之羽

雏儿依残羽，殷殷恋慈母。母亡儿不知，犹复相环守。念此亲爱情，能勿凄心否？

此下有小注，即述蝙蝠之事云云。俟后参考原文，再编述。

平和之歌

昔日互残杀，今朝共舞歌。一家庆安乐，大地颂平和。

附短跋云：李、丰二居士，发愿流布《护生画集》。盖以艺术作方便，人道主义为宗趣。虽曰导俗，亦有可观者焉。每画一叶，附白话诗，选录古德者口首，余皆贤瓶道人补题。纂修既成，请余为之书写，并略记其梗概。

新作之诗共十六首，皆已完成。但所作之诗，就艺术上而论，颇有遗憾。一以说明画中之意，言之太尽，无有含蓄，不留耐人寻味之余地。一以其文义浅薄鄙俗，无高尚玄妙之致。就此二种而论，实为缺点。但为导俗，令人易解，则亦不得不尔。然终不能登大雅之堂也。

画稿之中，其画幅大小，须相称合。如《母之羽》一幅，似稍小。仁者能再改画，为宜。虽将来摄影之时，可以随意缩小放大，但终不如现在即配合适宜，俾免将来费事。且于朽人配写文字时，亦甚蒙其便利也。

附二纸，为致李居士者。乞仁者先阅览一过，便中面交与李居士，稍迟未妨也。

演音上

九月初四日

致高文显

一九三五年正月元宵,厦门

胜进居士道席:

　　惠书诵悉。承仁者乡居安乐,至用欣慰。余于岁首在万寿讲小本《弥陀经》七日,并辑讲录一卷。诸缘顺遂,堪豫远念耳。尔后行止未定,犹如落叶,一任业风飘去,宁知方所耶?想仁者不久将返鹭屿,略述所怀,不及邮奉,谨托洽师传呈,不宣。

演音白

正月元宵夜

一九三七年正月廿九日，厦门

胜进居士慧览：

昨日出外见闻者三事：

一、余买价值一元余之橡皮鞋一双，店员仅索价七角。

二、在马路中闻有人吹口琴，其曲为日本国歌。

三、归途凄风寒雨。

演音

正月廿九日

一九三七年二月，厦门

胜进居士：

"一斗夜来陪汉史，千春朝起展莱衣。"此厦门某氏宅门联也。未知是古诗句，或其自撰。幽秀沉著，洵为佳句。书法亦神似东坡（应是高士手笔）。其地址如下记。（略）仁者暇时，可往一阅。能询其撰书者为何人，则至善矣。门内下首边房亦有联，余未见，仁者能入门一阅否？

音启

余至南闽八年，罕见有如是佳联，足以南普陀山门"分派洛伽"一联，相媲美也。

一九三九年十二月四日，永春

胜进居士文席：

近阅《华严疏钞》，有引"枕上片时春梦中，行尽江南数千里"之句。考《会玄记》（释疏钞者）云：此为唐岑参《春梦诗》也。上二句云："洞房昨夜春风起，遥忆美人湘江水"。又近日阅《灵峰宗论》（明藕益大师撰）有诗云：

　　日轮挽作镜，海水挹作盆。
　　照我忠义胆，浴我法臣魂。
　　九死心不悔，尘劫愿犹存。
　　为檄虚空界，何人共此轮。

第三句与第一句相应，第四句与第二句相应。激昂雄健，为高僧诗中所罕见者。附以奉玄察。谨陈，不宣。

演音疏
十二月四日

一九四〇年四月二十八日，永春

胜进居士澄览：

　　近闻仁等集资印经多部，至用欢赞。朽人自去秋始，闭门养疴，老态日增，精神恍惚（日未落即卧床）。故于诸善友所，音讯疏阔。近仍居普济顶寺，不复作出山想矣。泉州等处，米价奇昂，每元仅易米一斤，贫民苦矣。临颖不胜悲叹。略陈，不宣。

善梦启

四月二十八日

伍 物忌全胜，事忌全美，人忌全盛

为学时时处处是做工夫处。

虽至卑至陋处，皆当存谨畏之心，而不可忽。

且如就枕时，手足不敢妄动，心不敢乱想，这便是睡时做工夫，以致无时无事不然。

诗

咏山茶花

瑟瑟寒风剪剪催,几枝花发水云隈。

淡妆写出无双品,芳信传来第二回。

春色鲜鲜胜似锦,粉痕艳艳瘦于梅。

本来桃李羞同调,故向百花头上开。

夜泊塘沽

杜宇声声归去好,天涯何处无芳草。

春来春去奈愁何,流光一霎催人老。

新鬼故鬼鸣喧哗,野火磷磷树影遮。

月似解人离别苦,清光减作一钩斜。

遇风愁不成寐

（到津次夜，大风怒吼，金铁皆鸣，愁不成寐。）

世界鱼龙混，天心何不平？
岂因时事感，偏作怒号声。
烛尽难寻梦，春寒况五更。
马嘶残月堕，笳鼓万军营。

感　时

杜宇啼残故国愁，虚名况感望千秋。
男儿若论收场好，不是将军也断头。

津门清明

一杯浊酒过清明，肠断樽前百感生。
辜负江南好风景，杏花时节在边城。

登轮感赋

感慨沧桑变,天边极目时。

晚帆轻似箭,落日大如箕。

风卷旌旗走,野平车马驰。

河山悲故国,不禁泪双垂。

茶花女遗事演后感赋

东邻有女背佝偻,西邻有女犹含羞。

蟪蛄宁识春与秋,金莲鞋子玉搔头。

拆度众生成佛果,为现歌台说法身。

孟旃不作吾道绝,中原滚地皆胡尘。

赠语心楼主人

天末斜阳淡不红,虾蟆陵下几秋风。

将军已死圆圆老,都在书生倦眼中。

道左朱门谁痛哭?庭前柯木已成围。

只今憔悴江南日,不似当年金缕衣。

醉 时

醉时歌哭醒时迷，甚矣吾衰慨凤兮。

帝子祠前芳草绿，天津桥上杜鹃啼。

空梁落月窥华发，无主行人唱大堤。

梦里家山渺何处，沉沉风雨暮天西。

春 风

春风几日落红堆，明镜明朝白发摧。

一颗头颅一杯酒，南山猿鹤北山莱。

秋娘颜色娇欲语，小雅文章凄以哀。

昨夜梦游王母国，夕阳如血染楼台。

昨 夜

昨夜星辰人倚楼，中原咫尺山河浮。

沉沉万绿寂不语，梨花一枝红小秋。

初　梦

鸡犬无声天地死，风景不殊山河非。

妙莲花开大尺五，弥勒松高腰十围。

恩仇恩仇若相忘，翠羽明珠绣裲裆。

隔断红尘三万里，先生自号水仙王。

咏　菊

姹紫嫣红不耐霜，繁华一霎过韶光。

生来未借东风力，老去能添晚节香。

风里柔条频损绿，花中正色自含黄。

莫言冷淡无知己，曾有渊明为举觞。

书　愤

文采风流上座倾，眼中竖子遂成名！

某山某水留奇迹，一草一花是爱根。

休矣著书俟赤鸟,悄然挥扇避青蝇。

众生何用干霄哭,隐隐朝廷有笑声。

诀别之音

落花辞枝,夕阳欲沉。

裂帛一声,凄入秋心。

生离欤?死别欤?

生离尝恻恻,临行复回首。

此去不再还,念儿儿知否?

书寒山大士诗赠郭沫若

我心似明月,碧潭澄皎洁。

无物堪比伦,叫我如何说?

重游小兰亭口占

（重游小兰亭，风景依稀，心绪殊恶，口占二十八字题壁。时壬寅九月望前一日也。）

一夜西风蓦地寒，吹将黄叶上栏干。

春来秋去忙如许，未到晨钟梦已阑。

《滑稽传》题词四绝

淳于髡

斗酒亦醉石亦醉，到心唯作平等观。

此中消息有盈胸，春梦一觉秋风寒。

优 梦

中原一士多奇姿，纵横宇合卑莎维。

人言毕肖在须眉，茫茫心事畴谁知。

优 旃

婴武何人工趣语，杜鹃望帝凄春心。
太平歌舞且抛却，来向神州忾陆沉。

东方朔

南山豆苗肥复肥，北山猿鹤飞复飞。
我欲蹈海乘风归，琼楼高处斜阳微。

戏赠蔡小香四绝

眉间愁语烛边情，素手掺掺一握盈。
艳福者般真羡煞，佳人个个唤先生。

云髻蓬松粉薄施，看来西子捧心时。
自从一病恹恹后，瘦了春山几道眉。

轻减腰围比柳姿，刘桢平视故迟迟。
佯羞半吐丁香舌，一段浓芳是口脂。

愿将天上长生药，医尽人间短命花。
自是中郎精妙术，大名传遍沪江涯。

和冬青馆主题京伶瑶华书扇四绝

素心一瓣证前因，恻恻灵根渺渺神。
话到华年怨迟暮，美人香草哭灵均。

承平歌舞忆京华，紫陌青骢踏落花。
记得春风楼畔路，琵琶弹彻陌行斜。

鼙鼓渔阳感动尘，莺花无复旧时春。
潇潇暮雨徐娘怨，忆否江南梦里人？

长安子弟叹飘零，曾向红羊劫里径。
莫问开元太平曲，伤心回首旧门庭。

词

清平乐
（赠许幻园）

城南小住，情适闲居赋。文采风流合倾慕，闭户著书自足。

阳春常驻山家，金樽酒进胡麻，篱畔菊花未老，岭头又放梅花。

菩萨蛮
（忆杨翠喜）

燕支山上花如雪，燕支山下人如月。额发翠云铺，眉弯淡欲无。夕阳微雨后，叶底秋痕瘦。生小怕言愁，言愁不耐羞。

晓风无力垂杨懒，情长忘却游丝短。酒醒月痕低，江南杜宇啼。痴魂销一捻，愿化穿花蝶。帘外隔花阴，朝朝香梦沉。

人生哪能多如意

南南词
（赠黄二南）

在昔佛菩萨，趺坐赴莲池。始则拈花笑，继则南南而有辞。南南梵呗不可辨，分身应化天人师。或现比丘、或现沙弥、或现优婆塞、或现优婆夷、或现丈夫女子宰官司诸像为说法，——随意随化皆天机。

以之度众生，非结贪嗔痴。色相声音空不染，法语南南尽归依。春江花月媚，舞台装演奇。偶遇南南君，南南是也非？听南南，南南咏昌霓；见南南，舞折枝，南南不知之，我佛行深般若波罗蜜多时。

老少年曲

梧桐树，西风黄叶飘，日夕疏林杪。花事匆匆，零落凭谁吊。

朱颜镜里凋，白发愁边绕。一霎光阴，底是催人老。有千金，也难买韶华好。

南浦月
（将北行矣，留别海上同人。）

杨柳无情，丝丝化作愁千缕。惺忪如许，萦起心头绪。

谁道销魂，尽是无凭据。离亭外，一帆风雨，只有人归去。

西江月
（宿塘沽旅馆）

残漏惊人梦里，孤灯对景成双。前尘渺渺几思量，只道人归是谎。

谁说春宵苦短，算来竟比年长。海风吹起夜潮狂，怎把新愁吹涨？

醉花阴
（闺怨）

落尽杨花红板路，无计留春住。独立玉阑干，欲诉离愁，生怕笼鹦鹉。

楼头又见斜阳暮,怎奈归期误。相忆梦难成,芳草天涯,极目人何处?

喝火令
(故国今谁主)

故国今谁主?胡天月已西。朝朝暮暮笑迷迷,记否天津桥上杜鹃啼?记否杜鹃声里几色顺民旗?

金缕曲
(赠歌郎金娃娃)

秋老江南矣。忒匆匆、喜余梦影,樽前眉底。陶写中年丝竹耳,走马胭脂队里。怎到眼都成余子?片玉昆山神朗朗,紫樱桃,慢把红情系。愁万斛,来收起。

泥他粉墨登场地。领略那、英雄气宇,秋娘情味。雏凤声清清几许?销尽填胸荡气,笑我亦布衣而已。奔走天涯无一事,问何如声色将情寄?休怒骂,且游戏。

高阳台
（忆金娃娃）

十日沉愁，一声杜宇，相思啼上花梢。春隔天涯，剧怜别梦迢遥。前溪芳草经年绿，只风情，孤负良宵。最难抛，门巷依依，暮雨潇潇。而今未改双眉妩，只江南春老，谢了樱桃。忒煞迷离，匆匆已过花朝。游丝苦挽行人驻，奈东风、冷到溪桥。镇无聊，记取离愁，吹彻琼箫。

满江红
（民国肇造志感）

皎皎昆仑，山顶月、有人长啸。看囊底、宝刀如雪，恩仇多少。双手裂开鼷鼠胆，寸金铸出民权脑。算此生、不负是男儿，头颅好。

荆轲墓，咸阳道。聂政死，尸骸暴。尽大江东去，余情还绕。魂魄化成精卫鸟，血花溅作红心草。看从今、一担好山河，英雄造。

金缕曲

（将之日本，留别祖国，并呈同学诸子）

披发佯狂走。莽中原，暮鸦啼彻，几行衰柳。破碎河山谁收拾？零落西风依旧。便惹得离人消瘦。行矣临流重叹息，说相思，刻骨双红豆。愁黯黯，浓于酒。

漾情不断淞波溜。恨年来絮飘萍泊，遮难回首。二十文章惊海内，毕竟空谈何有？听匣底苍龙狂吼。长夜凄风眠不得，度众生那惜心肝剖。是祖国，忍孤负！

曲

清凉歌五首

清　凉

　　清凉月，月到天心，光明殊皎洁。今唱清凉歌，心地光明一笑呵。

　　清凉风，凉风解愠，暑气已无踪。今唱清凉歌，热恼消除万物和。

　　清凉水，清水一渠，涤荡诸污秽。今唱清凉歌，身心无垢乐如何。

　　清凉，清凉，无上究竟真常。

山　色

　　近观山色苍然青，其色如蓝。远观山色郁然翠，如蓝成靛。山色非变,山色如故,目力有长短。自近渐远,易青为翠;自远渐近,易翠为青。时常更换,是由缘会。幻相现前,非唯翠幻,而青亦幻。是幻,是幻,万法皆然。

花 香

庭中百合花开。昼有香,香淡如;入夜来,香乃烈。鼻观是一,何以昼夜浓淡有殊别?白昼众喧动,纷纷俗务萦。目视色,耳听声,鼻观之力,分于耳目丧其灵。心清闻妙香,"用志不分,乃凝于神。"古训好参详。

世 梦

却来观世间,犹如梦中事。人生自少而壮,自壮而老,自老而死。俄入胞胎,俄出胞胎,又入又出无穷已。生不知来,死不知去,蒙蒙然,冥冥然,千生万劫不自知,非真梦欤?枕上片时春梦中,行尽江南数千里。今贪名利,梯山航海,岂必枕上尔!庄生梦蝴蝶,孔子梦周公,梦时固是梦,醒来何非梦?扩大劫来,一时一刻皆梦中。破尽无明,大觉能仁,如是乃为梦醒汉,如是乃名无上尊。

观　心

　　世间学问，义理浅，头绪多，似易而反难。出世学问，义理深，线索一，虽难而似易。线索为何？现前一念，心性应寻觅。试观心性：在内欤，在外欤，在中间欤？过去欤，现在欤，或未来欤？长短、方圆欤，赤白、青黄欤？觅心了不可得，便悟自性真常。是应直下信入，未可错下承当。试观心性：内外、中间，过去、现在、未来，长短、方圆，赤白、青黄。

哀祖国

　　小雅尽废兮，出车采薇矣。豺狼当途兮，人类其非矣。凤鸟兮，河图兮，梦想为劳矣。冉冉老将至兮，甚矣吾衰矣。

追悼李节母之哀辞

　　松柏兮翠蕤，凉风生德闱。母胡弃儿辈，长逝竟不归！儿寒复谁恤？儿饥复谁思？哀哀复哀哀，魂兮归乎来！

祖国歌

上下数千年，一脉延，文明莫与肩。纵横数万里，膏腴地，独享天然利。国是世界最古国，民是亚洲大国民。乌乎，大国民！乌乎，唯我大国民！幸生珍世界，琳琅，十倍增声价。我将骑狮越昆仑，驾鹤飞渡太平洋。谁与我仗剑挥刀？

乌乎，大国民！谁与我，鼓吹庆生平？

春 游

春风吹面薄于纱，春人妆束淡于画。游春人在画中行，万花飞舞春人下。梨花淡白菜花黄，柳花委地芥花香。莺啼陌上人归去，花外疏钟送夕阳。

男 儿

男儿自有千古，莫等闲觑。孔佛耶回精谊，道毋陂岐。发大愿作教皇，我当炉冶群贤。功被星球十方，赞无数年。

忆儿时

春去秋来,岁月如流,游子伤漂泊。回忆儿时,家居嬉戏,光景宛如昨。茅屋三椽,老梅一树,树底迷藏捉。高枝啼鸟,小川游鱼,曾把闲情托。儿时欢乐,斯乐不可作。儿时欢乐,斯乐不可作。

送 别

长亭外,古道边,芳草碧连天。晚风拂柳笛声残,夕阳山外山。

天之涯,地之角,知交半零落。一觚浊酒尽余欢,今宵别梦寒。

落 花

纷,纷,纷,纷,纷,纷……惟落花委地无言兮,化作泥尘。

寂,寂,寂,寂,寂,寂……何春光长逝不归兮,永绝消息。

忆春风之日暄，芳菲菲以争妍。既垂荣以发秀，倏节易而时迁，春残。览落红之辞枝兮，伤花事其阑珊，已矣！

春秋其代序以递嬗兮，俯念迟暮。荣枯不须臾，盛衰有常数！人生之浮华若朝露兮，泉壤兴衰。朱华易消歇，青春不再来。

晚　钟

大地沉沉落日眠，平墟漠漠晚烟残。幽鸟不鸣暮色起，万籁俱寂丛林寒。浩荡飘风起天杪，摇曳钟声出尘表。绵绵灵响彻心弦，呦呦幽思凝冥杳。众生病苦谁扶持？尘网颠倒泥涂污。惟神悯恤敷大德，拯吾罪过成正觉。誓心稽首永皈依，瞑瞑入定陈虔祈。倏忽光明烛太虚，云端仿佛天门破。庄严七宝迷氤氲，瑶华翠羽垂缤纷。浴灵光兮朝圣真，拜手承神恩！仰天衢兮瞻慈云，忽现忽若隐。钟声沉暮天，神恩永存在。神之恩，大无外！

梦

哀游子茕茕其无依兮,在天之涯。惟长夜漫漫而独寐兮,时恍惚以魂驰。梦偃卧摇篮以啼笑兮,似婴儿时。母食我甘酪与粉饵兮,父衣我以彩衣。

哀游子怆怆而自怜兮,吊形影悲。惟长夜漫漫而独寐兮,时恍惚以魂驰。梦挥泪出门辞父母兮,叹生别离。父语我眠食宜珍重兮,母语我以早归。

月落乌啼,梦影依稀,往事知不知?泪半生哀乐之长逝兮,感亲之恩其永垂。

月

仰碧空明明,朗月悬太清。瞰下界扰扰,尘欲迷中道!惟愿灵光普万方,荡涤垢滓扬芬芳。虚渺无极,圣洁神秘,灵光常仰望!

仰碧空明明,朗月悬太清。瞰下界暗暗,世路多愁叹!惟愿灵光普万方,披除痛苦散清凉。虚渺无极,圣洁神秘,灵光常仰望!

附录

李叔同年谱

1880 年　一岁

10 月 23 日（农历九月二十日），生于天津河东地藏庵前陆家胡同李宅，籍贯浙江平湖。幼名成蹊，学名文涛，字叔同，又号漱筒，行列第三，系侧室王氏所生。

父姓李名世珍，字筱楼，清同治四年进士，官吏部主事，后引退持家，经营盐业和银钱业，乐善好施，有"李善人"之称。

1884 年　五岁

9 月 23 日（农历八月初五），父筱楼病故，卒年七十二岁。

1885 年　六岁

从仲兄文熙受启蒙教育。

1886 年　七岁

日课《百孝图》《返性篇》《格言联璧》《文选》等。

1887 年　八岁

从乳母刘氏习诵《名贤集》。又从常云政受业，读《孝经》《毛诗》等。此后又读过《唐诗》《千家诗》《古文观止》《尔雅》《说文解字》等。

1896 年　十七岁

从天津名士赵幼梅学诗词，喜读唐五代作品，尤爱王维。兼习辞赋、八股。

又从唐敬岩学篆隶刻石。唐静岩书钟鼎、篆隶各一小册，李叔同为其刊行，并题签，署名"当湖李成蹊"。

请人教算术、外文。

1897年　十八岁

与天津俞氏结婚，俞氏长叔同两岁。

以童生资格应天津县儒学考试，学名李文涛。有子（乳名葫芦），早年夭折。

1898年　十九岁

叔同赞同康梁变法主张，慨叹："老大中华，非变法无以自存。"自刻"南海康君是吾师"印以明志。

是年，奉母携眷迁居上海，赁居法租界卜邻里。加入城南文社，所作诗文，为同人之冠。

刊《李叔同先生印存》一书。

1899年　二十岁

许幻园慕其才，让出许家城南草堂一部分，叔同全家遂迁入。

是年与袁希濂、许幻园、蔡小香、张小楼结为"金兰之谊"，号称"天涯五友"，曾合影留念。

是年，得清纪晓岚所藏"汉甘林瓦砚"，便广征名士题辞，集为《汉甘林瓦砚题辞》上下两卷。

1900年　二十一岁

正月，作《二十自述诗》并《序》。

春，与书画名家组织上海书画公会，任伯年、朱梦庐等皆为会员，每周出《书画公会报》。

11月10日（农历九月十九日），子李准生，作《老少年曲》自勉。

相继刊《李庐印谱》《李庐诗钟》。出版《诗钟汇编初集》，内题"当湖惜霜仙史编辑"。

1901年　二十二岁

春，曾回天津，拟赴河南探视其兄，后因道路受堵作罢。居津半月，回上海。后写成《辛丑北征泪墨》于5月在上海出版，所记多为此行往返见闻和感受。

秋，入上海南洋公学特班，受业于蔡元培。

1902年　二十三岁

各省补行庚子、辛丑恩正并科乡试。叔同以平湖县（今平湖市）监生资格，报名应考，未中，仍回南洋公学。

1903 年　二十四岁

与尤惜阴居士同任上海圣约翰大学国文教授。不久去职。

翻译出版《法学门径书》《国际私法》。

1904 年　二十五岁

在上海实践戏剧,票演京剧。

与同人组织沪学会于南市董家桥。订有《沪学会章程》及《藏书楼章程》,并设补习科。

12 月 9 日(农历十一月初三),子李端生。

1905 年　二十六岁

为沪学会作《祖国歌》《文野婚姻新戏册》等。出版《国学唱歌集》。

3 月 10 日(农历二月初五),母王氏病逝。叔同携眷扶柩回津。首倡丧礼改革。

秋,东渡日本留学。

留日学生高天梅主编《醒狮》杂志,李叔同为之设计封面,并撰稿。

1906年　二十七岁

独立创办《音乐小杂志》，在东京印刷，寄回上海发行。此乃中国第一份音乐杂志。

有《春风》《前尘》《凤兮》《朝游不忍池》等诗发表，并时常与日本汉诗界人士交游。

9月，入东京美术学校油画科。同时又于校外从上真行勇学音乐戏剧。初名李哀，后改名为李岸。

冬，与学友一起创办春柳社，此乃中国第一个话剧团体。

1907年　二十八岁

2月，春柳社为国内徐淮水灾赈灾义演《茶花女遗事》，自扮茶花女玛格丽特。此为中国话剧演出实践之第一。

7月10日、11日（农历六月初一、初二），春柳社公演《黑奴吁天录》，扮演爱美柳夫人，同时客串男跛醉客。

1911年　三十二岁

3月，以优异的成绩毕业于东京美术学校，毕业前曾作自画像一幅。

4月，归国，任天津直隶模范工业学堂等校图画教师。
是年，李家遭变，濒临绝境。

1912年　三十三岁

春，抵上海，任教于城东女学，授文学、音乐课。
加入南社，参加南社第六次雅集。为《南社通讯录》设计封面并题签。
4月，陈英士创办《太平洋报》，任画报副刊主编，兼管广告。
与柳亚子等创办文美会，主编《文美杂志》。
辛亥革命成功，李叔同填词《满江红》。
秋，任浙江省两级师范学校图画、音乐教师。

1913年　三十四岁

是年，浙江省两级师范学校改名为浙江省立第一师范学校。编《白阳》杂志，发表《欧洲文学之概观》《西洋乐器种类概说》《石膏模型用法》及《春游》等作品，均署名息霜。
5月，好友夏丏尊28岁生日，摹汉长寿钩钩铭，并写题记以祝。

1914 年　三十五岁

是年,加入西泠印社。课余集合经亨颐、夏丏尊等友生组织成立乐石社,从事金石研究与创作,被选为第一任社长。

1915 年　三十六岁

仍在浙江省立第一师范学校任教,同时应聘任南京高等师范学校图画音乐课。在南京组织宁社,倡导书画艺术。

6月,撰《乐石社社友小传》,并作《乐石社记》,署名息霜。

夏,赴日本避暑。

在任教期间作歌颇多,代表作有《送别》《早秋》《忆儿时》《悲秋》《月夜》《秋夜》等。

1916 年　三十七岁

年底,入虎跑寺断食十八天,有《断食日志》详记之。

1917 年　三十八岁

是年下半年起,发心食素,并请《普贤行愿品》《楞严经》及《大乘起信论》等多种佛经研读。

1918年　三十九岁

正月间，赴虎跑寺习静。正月十五日受三皈依，拜了悟和尚为师，法名演音，号弘一。

农历七月十三日，入虎跑寺正式出家。

农历九月至灵隐寺受戒。受戒后，赴嘉兴精严寺小祝。

年底应马一浮之召至杭州海潮寺打七。

1919年　四十岁

春，小住杭州艮山门外井亭庵，不久移居玉泉清涟寺。

夏居虎跑寺。

秋至灵隐寺与弘伞法师共燃臂香，依天亲菩萨《菩提心论》发十大正愿。

1920年　四十一岁

春，居玉泉寺。《印光法师文钞》出版，作《印光法师文钞题辞并序》。

夏，赴浙江新城闭关。

中秋后移居浙江衢州莲花寺，手装《佛说大乘戒经》《十善业道经》等，并有题记。校定《菩萨戒本》。

1921年　四十二岁

正月，自衢州返杭州，居玉泉寺，披寻《四分律》，始览诸先师之作。

春，曾在闸口凤生寺小住，丰子恺游学日本前夕曾前往话别。

3月，自杭州赴温州，居庆福寺，撰《谢客启》，掩关治律。

夏，所编《四分律比丘戒相表记》初稿完成。

1922年　四十三岁

正月初三，在家妻俞氏病故，俗家仲兄文熙来信嘱返津，因故未能成行。仍居庆福寺。

1923年　四十四岁

春，至上海，与尤惜阴居士合撰《印造佛像之功德》。曾居太平寺，题元魏昙鸾《往生论注》，并录印光大师法语于卷端。

夏，为杭州西泠印社书《阿弥陀经》一卷，该社将其刻于石幢。赴杭州灵隐寺听慧明大师讲《楞严经》。

1924 年　四十五岁

春，由衢州莲华寺移居三藏寺。不久，取道松阳、青田抵温州。

夏，在温州整理《四分律》，曾手书《四分律比丘戒相表记》并定稿。

1925 年　四十六岁

春，至宁波，挂搭七塔寺。应夏丏尊之请至上虞白马湖小祝，不久返温州。

1926 年　四十七岁

春，抵杭州，寓招贤寺。夏丏尊、丰子恺曾自沪至杭专程拜访。

夏初，与弘伞法师同赴庐山参加金光明法会。路经上海时曾与丰子恺等访城南草堂等处。

冬初，由庐山返杭州，经上海，在丰子恺家小住，后返杭州。

1927 年　四十八岁

春，闭关杭州云居山常寂光寺。社会上有毁佛之议，提前出关，致函蔡元培、经亨颐等旧友，力陈整顿佛教之意见。

秋，至上海，居江湾丰子恺家，主持丰子恺皈依三宝仪式。其间与丰子恺商定编绘《护生画集》计划。

是年春，丰子恺等编《中文歌曲五十曲》出版，内收大师在俗时歌曲13首。

1928 年　四十九岁

春夏之间，在温州。

秋，至上海，与丰子恺、李圆净具体商量编《护生画集》。

冬，刘质平、夏丏尊、丰子恺、经亨颐等共同集资，在白马湖筑屋，供大师居住。

1929 年　五十岁

正月，自南安小雪峰至厦门南普陀寺，居闽南佛学院，参与整顿学院教育。

春，返温州，秋在白马湖"晚晴山房"小住。

冬月，重至厦门、南安，与太虚大师在小雪峰度岁，并合作《三宝歌》。

是年，《护生画集》由上海开明书店出版。50幅护生画皆由大师配诗并题写。夏丏尊将所藏大师在俗时所临各种碑帖出版，名《李息翁临古法书》（上海开明书店）。

1930年　五十一岁

正月，自小雪峰至泉州承天寺，为寺中整理所藏古版藏经。

4月，赴温州，后至白马湖。

秋，赴慈溪金仙寺讲律。

冬月赴温州庆福寺。时人称大师为孤云野鹤，弘法四方。

1931年　五十二岁

春，自温州过宁波，旋赴白马湖横塘镇法界寺。发愿弃舍有部律，专学南山，从此由新律家变为旧律家。

夏，亦幻法师发起创办南山律学院，请大师主持于五磊寺，后因与寺主意见未洽，遂离去。

秋，广洽法师函邀大师赴厦门。在金仙寺作《清凉歌》。

1932年　五十三岁

是年，在镇海龙山伏龙寺为刘质平作书法，平湖李叔同纪念馆所藏《佛说阿弥陀经》十六条屏即当时所作。

年底，抵厦门，住山边岩（即万寿岩）。讲《人生之最后》于妙释寺。

1933年　五十四岁

是年，在妙释寺讲《改过经验谈》，在万寿岩讲《随机羯磨》，重编蕅益大师警训为《寒笳集》，在开元寺圈点《南山钞记》，在承天寺讲《常随佛学》。

1934年　五十五岁

元旦，在泉州草庵讲《含注戒本》。此年撰述丰厚，计有《地藏菩萨本愿经说要序》《四分律随机羯磨题记》《一梦漫言跋》《见月律师年谱摭要并跋》《一梦漫言序》《缁门崇行录选录序》等。

春，应南普陀寺住持常惺法师请整顿闽南佛学院。见学僧纪律松弛，认定机缘未熟，倡办佛教养正院。

1935年　五十六岁

正月，在万寿岩撰《净宗问辨》。后至泉州开元寺讲《一梦漫言》。

初夏，抵净峰寺。

年底，应泉州承天寺之请，于戒期中讲《律学要略》。

1936年　五十七岁

春，卧病草庵。手书《乙亥惠安弘法日记》《壬丙南闽弘法略志》等。

夏，居鼓浪屿日光岩。

年末，移居南普陀寺。

佛教养正院开学，抱病讲《青年佛徒应注意的四项》。《清凉歌集》由上海开明书店出版。

1937年　五十八岁

2月，在佛教养正院讲《南闽十年之梦影》。

3月，为厦门市第一届运动会作会歌。

5月，赴青岛湛山寺讲律。

10月，返厦门。

岁末，赴泉州草庵。

1938年　五十九岁

先后在草庵、泉州、惠安及厦门等地讲经。

5月4日，即厦门陷落前数日离开厦门至漳州南山寺。

冬初，至泉州承天寺，后移居温陵养老院。

1939年　六十岁

4月，入蓬壶毗峰普济寺闭门静修。著《南山律在家备览略篇》等。

9月，澳门《觉音》月刊和上海《佛学》半月刊均出版"弘一法师六秩纪念专刊"。

秋末，为《续护生画集》题字并作跋。

1940年　六十一岁

春，闭关永春蓬山，谢绝一切往来，专事著述。

秋，应请赴南安灵应寺弘法。

1941年　六十二岁

夏，离灵应寺赴晋江福林寺结夏安居，并讲《律钞宗要》，编《律钞宗要随讲别录》。

冬，入泉州百原寺小住，后移居开元寺。

岁末，返福林寺度岁。

1942年　六十三岁

3月，赴灵瑞山、泉州等地讲经。后居温陵养老院。

9月，在温陵养老院教演出家剃度仪式。

10月2日下午，身体发热，渐示微疾。

10月7日，唤妙莲法师写遗嘱。

10月10日下午，写下绝笔"悲欣交集"四字交妙莲法师。

10月13日晚，7时45分呼吸少促，8时安详西逝，圆寂于温陵养老院晚晴室。

参考书目

1.李叔同.我欢喜生命本来的样子[M].南京：江苏凤凰文艺出版社.2018

2.李叔同.李叔同文集[M].北京：线装书局.2018

3.李叔同.悲欣交集：李叔同人生感悟[M].重庆：重庆出版社.2015

4.李叔同.李叔同文学精品选[M].北京：现代出版社.2018

5.李叔同.李叔同的自我修养[M].北京：新星出版社.2012

6.李叔同.李叔同谈艺录[M].长沙：湖南大学出版社.2011

7.李叔同.李叔同谈艺术[M].北京：新世界出版社.2017

8.李叔同.李叔同谈人生[M].北京：新世界出版社.2016

9.李叔同.李叔同书信集[M].北京：中国致公出版社.2018

10.李叔同.李叔同作品精选[M].武汉：崇文书局.2016